倾城难再寻：张爱玲

余 芳／著

中国出版集团公司
世界图书出版公司
广州·上海·西安·北京

图书在版编目（CIP）数据

倾城难再寻：张爱玲 / 余芳著 . — 广州：
世界图书出版广东有限公司，2016.11（2025.1重印）
ISBN 978-7-5192-2178-2

Ⅰ . ①倾… Ⅱ . ①余… Ⅲ . ①张爱玲（1920-1995）—人物研究
Ⅳ . ① K825.6

中国版本图书馆 CIP 数据核字 (2016) 第 276456 号

书　　名	倾城难再寻：张爱玲	
	QINGCHENG NAN ZAIXUN：ZHANG AI LING	
著　　者	余　芳	
责任编辑	冯彦庄	
装帧设计	黑眼圈工作室	
出版发行	世界图书出版广东有限公司	
地　　址	广州市新港西路大江冲 25 号	
邮　　编	510300	
电　　话	020-84460408	
网　　址	http:// www.gdst.com.cn	
邮　　箱	sjxscb@163.com	
经　　销	新华书店	
印　　刷	悦读天下（山东）印务有限公司	
开　　本	710mm×1000mm　1/16	
印　　张	10.25	
字　　数	171 千	
版　　次	2016 年 11 月第 1 版　　2025 年 1 月第 3 次印刷	
国际书号	ISBN　978-7-5192-2178-2	
定　　价	68.00 元	

目　录

第一章

没落贵族早慧女童
1920—1931

1920 年的上海，是十里洋场，灯红酒绿，觥筹交错，好一派富贵景象。但在这繁华中其实蕴藏着深深的危机，时代的大变革将在其中发生裂变，这一隅的歌舞升平渐渐地成为表面的装饰。树欲静而风不止，在大时代的破坏与变动中，巨大的列车轰鸣而来，把每一种别样的声音都融成它自己的声音，这是无法抗拒的，任何人也阻止不了。张爱玲就出生在中国这个激流洪涛般的大时代。

旧时的大上海被称为"十里洋场"，在这个殖民都会里混杂着许多传统与现代、东西方文化碰撞所产生的诸多矛盾，这一切都直接冲击着张爱玲的思想与写作。张爱玲，这个现代文学史上奇特的现象就诞生在这样的环境之中。她早年的身世影响了她人格心理的发展，进而影响到她对外部世界的感受；不幸的童年，没落的家族，动荡的社会环境造就她复杂的内心，从而导致了她精神上的悲观。

在张爱玲笔下，上海是一座"新旧文化种种畸形产物"汇聚的所在。在殖民帝国主义长达一个世纪的盘踞中，上海这座城市既残存着诸多封建文化传统，又引入了外来的先进文化，从而形成了殖民租界与旧城并存的都市景观，以及现代西方和传统中国对立的文化氛围。不仅如此，传统中国的区域仍旧依阶级的不同来划分，现代西方的领地也存在着国籍上的差异，给这座殖民城市带来一种多变的样态。

张爱玲出生在一个秋天。秋天一般给人净朗怡人的感觉，但1920年的初秋却毫无生气，阴沉沉的。9月30日，张爱玲降生，父母为她取了个小名，叫小煐。她的生活也许就像这天气一样，一开始就带着绛色的沉哀。

张爱玲生在民国，是前清官僚遗老的后代，她的祖父张佩纶是满清的大臣，祖母则是李鸿章的女儿。她无缘得见外曾祖父李鸿章、祖父张佩纶等辈在时代的洪流中弄潮的风姿，在她出生时，这幕热闹而华美的剧目已接近尾声，到了该谢幕的时候。曾经的繁华与显赫已成为过去，只留下一些影子，就像夕阳西下的晚霞一样，正好让张爱玲看到落日后的余晖，欣赏到一种了无生机的凄惨之美，嗅到了一种浓重的衰败腐朽之味。

幼时的她对生活、对世界最开始的感受来自家庭，而家庭给她的最早的印象是父母之间的不和谐，这对她后来人生的影响之大是难以想象的。

> "他们的家就是一个小小的'清朝'，他们留着辫子、纳妾、抽鸦片、捧优伶、赌博、打麻将、莳花养鸟，游闲的他们仍在沾念昔日的荣光……租界延长了他们所尊奉的封建制度。"（唐文标《张爱玲杂碎》）

这一显赫的身世并未给她带来任何好处，留在张爱玲记忆深处的仅是"有太阳的地方使人瞌睡，阴暗的地方有古墓的阴凉"。

张爱玲对自己家庭过去显赫的身份、地位，感情是极其复杂的：既眷顾，又厌弃；既想回顾，又想忘掉。自己现在这种穷酸相和过去家族的煊赫形成了鲜明对比。这种复杂的情感在《创世纪》中的潆珠身上体现得最为明显，潆珠既清高又自卑，既优越（过去的身份、长相）又寒酸（现在的地位、穿着打扮），找男朋友是高不成低不就，实际上已经暗含了张爱玲内心的复杂和矛盾。在《对照记》中有这样一段话能够真实地反映出她的复杂情感：

> "我们没有赶上看见他们，所以跟他们的关系仅属于彼此，一种沉默的无条件的支持，看似无用，无效，却是我最需要的。他们静静地躺在我

的血液里，等我死的时候再死一次。我爱他们。"（《对照记》）

张爱玲作为遗老的下一代，家庭对她的影响是不可忽视的。这个流着贵族血液的千金小姐生不逢时，她来到世上时，民国已建立十年，家族已没落。豪门巨族由于时代变迁的没落，与小康之家通常的没落，对子孙后代的心理投影有很大的差异。而封建时期的遗老们自成一个世界，虽然他们和外面的世界也勉强有些交涉，但是在他们的意识中，那种根深蒂固的封建文化传统就像一股强大的力量会将其拖回那个"清朝"里。而幼年时张爱玲就失去了正常的家庭温暖，失去母爱，这源自于父母长期不和。

张爱玲的父亲是个典型的遗少，一生落寞守成、碌碌无为，与在史书上留名的李鸿章、张佩纶等的辉煌人生形成强烈反差。张廷重生于 1896 年，他出生后没多久，清朝就灭亡了，他成了一个出身豪门贵族、身带"皇"气的遗少。在住西式洋房、出入以洋车代步的洋派生活的表层底下，却是嫖妓、养姨太太、吸大烟等封建堕落的行径，他一生拼命玩乐，过着腐化堕落的生活，在醇酒美人中碌碌一生。对于父亲的家，张爱玲曾说：

"那里我什么都看不起。鸦片……章回小说……懒洋洋灰扑扑地活下去了。"（张爱玲《私语》）

这种并非单纯的"洋化"，而是"洋"与"东方固有文明"的融合，又是西方现代文明滋养、覆盖下的最陈旧最腐败的封建生活方式与封建文化，构成了当时上海"洋场社会"生活的基本。因而怀旧与没落的情调在张爱玲幼年时就浸润着她的心，没落的家族在她的意识中印上了深深的烙印。她终生对《红楼梦》着魔般的迷恋，也许正是《红楼梦》那盛极而衰、极盛极衰的基调与她产生了心灵的共鸣。

而张爱玲的母亲黄素琼虽然出身传统的官宦世家，思想上却因为清末民初民主自由精神的传播和五四风潮的熏染而极为开化，是那个时代的新女性。她虽也缠过脚，但凭借着开化的思想，"踏着这双三寸金莲横跨两个时代"（《对照记》），从清朝走到了民国，走向了现代。

张爱玲父母之间的关系是非常不和谐的，他们之间的对立不仅仅是生活方式的差异，更是思想意识的分歧，这也是他们后来分道扬镳的根源。黄素琼并不甘于被不幸的婚姻完全束缚住，她要去寻求属于自己的自由天地。1924年，张廷重的妹妹张茂渊要出国留学，黄素琼借口小姑需要监护便与她一同出国了。她自己更名为黄逸梵，成为中国第一代出走的"娜拉"。那时，张爱玲四岁，她将从此失去母爱。生活在这样一个家庭里，张爱玲的童年生活注定是苍凉、冷漠的，而这也源于在她四岁时性格叛逆的母亲就抛下她远去英国，母亲在她心目中是生疏的。由此可见，儿童与父母的关系，对其人格心理的发展有重要的作用。

张廷重在妻子出走后，生活过得很潦倒。1927年，张廷重在津浦铁路局的小官差也丢了，这使他觉得颜面扫尽，深受刺激。于是，他给远在国外的妻子写信，承诺戒鸦片，不纳小妾，请她回来。为了挽救婚姻，为了对子女的教育有所安排，黄逸梵回来了。

但黄逸梵这次出国游学更拉大了夫妻两人在知识上、思想上的差距，他们间互相妥协而达成的和解根本就不可能长久。果然没多久，他们之间的争吵又开始了。这次黄逸梵的态度尤其坚决，她说："我的心意已经像一块木头。"于是他们协议离婚，彻底分开了，所保留的唯一的联系是黄逸梵可以干涉张爱玲的教育问题。

其实张爱玲从很小的时候就开始接受教育了。虽然她日后能够成为一位杰出的作家凭的是自己的勤奋努力，很少是得自父母的教益（甚至她那位留法学美术的母亲在绘画方面也没有给她什么有用的教导），但她的家除了是一个没落的贵族之家外，还可以说是一个书香门第。她的祖父是科举出身，她的父亲有旧式的文化素养（他也涉猎过"西学"，《私语》中提到留有他的英文题识的一本萧伯纳的戏《伤心之家》），她母亲则是"知识女性"。张爱玲的父亲因她的作文而得意，鼓励她学作诗，替她的小说撰写回目，都证明她父亲对文学的兴趣。他是地道的有闲阶级，没有职业，也看不起职业，读书看报，偶尔舞文弄墨，也是消磨光阴的一途。她母亲也喜欢文学，尤其喜读小说。她有关母亲的回忆中的最亲切的一幕，便是母亲坐在马桶上读《小说月报》上连载的老舍的小说《二马》，一边笑一边念出来，而她靠在门框上笑。

所以她家里无形中有一种文学的气息，在她的正式教育开始以前，她的文学教育已经开始了。每天早上女佣把她抱到母亲床上去，她趴在被子上，跟着母亲背不知所云的唐诗。虽然"不知所云"，这样的熏陶和背诵却有助于她的艺术直觉的养成。在家里她有不少书可看，她喜欢看的是旧小说，八岁时她已读过大部分的章回小说，比如百万字的《西游记》。她父亲喜读小报，家里总是随处乱摊着报纸，她也养成了读小报的习惯。小报上她不会放过的是鸳蝴派的通俗小说，这类小说的情调、笔法都从传统小说而来，张爱玲早年喜读这类小说的原因之一就是它们有旧小说的味道。除了环境的影响之外，可能还与她模模糊糊地感到旧小说中的世界与她的家庭生活，与她知道的人与事可以相互印证有关。众所周知，她对旧小说的热情终生不减。鉴于新式学堂（更不用说洋学堂）和社会上的时髦风尚均不鼓励这样的嗜好，甚至视其为低级趣味，如果我们说张爱玲一手漂亮的英文及其西方文学、历史、艺术方面的知识是得自于学校教育的话，那么她在旧小说方面的兴趣无疑是在家里培养起来的。

她的"国学"知识中的相当一部分也得自于"家教"。十岁之前，她都是从学于私塾先生，她父亲有兴致时想必也指点过她。私塾式的教育最重的是古文，她念中学时她弟弟仍跟了老夫子式的先生受教，先生教他作《汉高祖论》。张爱玲受教的未必是这一位，但路数也是一样的。可惜我们看不到她的课卷，只知道她那时肯定背了不少古文。她父亲受的是旧式的教育，虽然不以她在学校里写的那些"新文艺腔"的作文为忤，甚至感到得意，可是当他鼓励女儿发展写作方面的才能时，他还是劝她随了先生学作旧诗。张爱玲记得她曾作过三首七绝，有一首咏"夏雨"，其中的两句，"声如羯鼓催花发，带雨莲开第一枝"，先生颇为赏识，加了浓圈密点，她自己也有几分得意，只是后来写来毕竟太吃力，才没有学下去。背古书她当时必觉得枯燥乏味，作旧诗对她而言也是硬作，"赋得"的味道极重。但是这一番苦读、"苦吟"日后给她带来的好处也是显而易见的：新文学史上的女作家，特别是三四十年代的女作家，在古典文学、文字功底方面表现出良好素养的，少而又少，张爱玲是少数中的一个。

张爱玲的父亲在儿女的教育上也是典型的遗老遗少态度，就像他与民国的世界总犯别扭一样，他也拒绝民国以后普遍化了的学堂式教育。他原先似乎想让女儿像过去的大家闺秀一样，在家里完成她的全部教育。虽然张爱玲九岁时给报纸编辑的一封信中称她那时在家里补习英文，第二年大约可以考四年级，但那很可能是她母亲的主意，而她父亲其时也许正在医院里治疗。所以到她十岁母亲要把她送进学校时，她父亲一再大闹着不依，最后是她母亲"像拐卖人口一样"硬把她送去的。母亲送张爱玲到黄氏小学去住读，填写入学证时，她母亲为她的名字大费踌躇。她的小名叫"煐"，张煐两个字叫着不上口，沉吟半晌不得主意，母亲道："暂且把英文名字胡乱译两个字吧。"就音译了"爱玲"二字，所以"张爱玲"这个名字就是入学报名时取的。大概因为不够"淑女"化，黄逸梵一直想替女儿改名，但最终没改，后来则是张爱玲自己不愿改了。但她绝不会想到十余年后这个普通的名字会红遍上海滩，"张爱玲"三个字永驻文学史上。

不久，黄逸梵又要去法国留学，临行前她专门到黄氏小学去看女儿。恩怨不断，悲喜频交，张爱玲的感觉似乎麻木了，她幼小的心灵难以承受。当母亲走出校门，张爱玲远远地看着红铁门徐徐关闭，泪如雨下。她的痛哭，是为了母亲，也是为了十岁的自己。

张爱玲对于母亲的感情是很深厚的，她喜欢母亲，更崇拜母亲，她一直爱着她的母亲。而她的性格中有很多成分是无意识地继承于母亲。张爱玲当时也许没有从父母的恩恩怨怨、分分合合的纠葛中感觉到剧烈的痛苦，但她的性格、处世的观念和态度等却就在这样的成长历程中逐渐形成了。

幼年时的生活给张爱玲的心灵造成了创伤，更不幸的是创伤在后来并没有得到修复、补偿，反而受到了更大的伤害。因为父母离婚，她在父亲家，生活在继母的阴影之中，受尽委屈。亲生母亲的冷落，继母的虐待，这样造成的心理创伤尤为深。父母给她造成的心灵创伤，必然使她产生对父母的敌对情绪。但是作为一个未成年少女，她无法改变自己的生活，只能压抑敌对的情绪，继续依赖父母生活下去。然而，压抑的结果就是最终影响了她人格心理的正常发展。

第二章

初入文坛崭露头角
1932—1938

　　小学毕业后，张爱玲进入著名的圣玛丽亚女校。这所学校系美国教会所办，与圣约翰青年学校、桃坞中学同为美国圣公会设立的具有大学预科性质的学校，这些学校中成绩优异的毕业生可以有机会到英美的名牌大学去深造，大名鼎鼎的林语堂便是圣约翰青年学校保送到美国读书的。林语堂不仅是母校的骄傲，而且在性质相同的其他两所学校里肯也是常被提起的。可能多少有这方面的原因，中学时代的张爱玲特别心仪林语堂，他是她的一个参照人物，她发愿要走他的路，并且要在名气方面超过他。

　　张爱玲总是星期一早上由家里的司机送到学校里去，星期六再由司机接回家，慈父情怀，舐犊情深，也曾在爱玲的生命中出现过，尽管是那样的稀少。父亲的书架上，最醒目的位置放着那套石印本的《红楼梦》，张爱玲几似乎把那套书翻烂了。不知为什么，曹雪芹笔下的大观园，对她似乎天生就有一种魔力，她被那种强大的场面吸引，随着大观园里男女老少的喜怒哀乐哭或笑。人物的出场、退场，繁琐的服饰，复杂的人际关系，各具特色的人物语言，打开书，沉迷进去，越看越有味。及至看完前八十回，接下去看高鹗续的后四十回，小小年纪的她竟然一下子读出那是狗尾续貂，立马觉得语言索然无味了，虽仍然要隔三岔五拿出来看，但是只看前面八十回。

后来爱玲就写了个纯粹鸳蝴派的章回体小说《摩登红楼梦》。一向严肃的父亲，看到爱女的大作，也抑制不住内心的欢喜。父亲之所以认为张爱玲强于弟弟，其原因就在这里。虽然张爱玲是一个女孩子，但父亲特别喜欢她从小就散发出来的灵气。一个年仅十几岁的孩子，行文唱和，与《红楼梦》如出一家，不但辞令模仿极像，就连神韵也极其相似。从内容看，又未脱少年的天真与烂漫，让人读了忍俊不禁。在书中，张爱玲将发生在上海滩的今人今事搬到《红楼梦》的大观园中去，竟能自成一体，融合得天衣无缝。开端写宝玉收到傅秋芳寄来的一张照片。

> 宝玉笑道："袭人你倒放出眼光来批评一下子，是她漂亮呢还是——林妹妹漂亮？"袭人向他重重地眊了一下道："哼！我去告诉林姑娘去！拿她同外头不相干的人打比喻……别忘记了，昨天太太嘱咐过，今儿晚上老爷乘专车从南京回上海，叫你去应一应卯儿呢，可千万别忘记了，又惹老爷生气！"（张爱玲《存稿》）

事实上，父亲是最早发现并培养张爱玲创作天赋的人。《摩登红楼梦》这部长篇小说是张爱玲小时候的游戏之作，书中的回目还是她父亲代她拟成的，此书看上去很像样。父亲读罢，大喜过望，沉吟片刻，大笔一挥，就替张爱玲的《摩登红楼梦》拟了六回回目，分别是：

> 沧桑变幻宝黛往层楼，鸡犬升仙贾琏膺景命；
> 弭讼端覆雨翻云，赛时装嗔莺叱燕；
> 收放心浪子别闺闱，假虔诚情郎参教典；
> 萍梗天涯有情成眷属，凄凉泉路同命作鸳鸯；
> 音问浮沉良朋空洒泪，波光骀荡情侣共嬉春；
> 陷阱设康衢娇娃蹈险，骊歌惊别梦游子伤怀。

很明显，父亲对张爱玲的作品十分看好，有意培养她的文学兴趣。张爱玲在读黄氏小学后，某个寒假，她仿照上海当时报纸副刊的样子，自己配图写作，编撰出一张以她生活中的趣事为主要内容的副刊，父亲见了高兴不已。亲朋来了，父亲总是满脸得意地将这张副刊拿出来给他们看，并介绍说"这是小女做的报纸副刊"。毫无疑问，父亲的文学素养与他对张爱玲创作才能的认可及鼓励，都使张爱玲形成了极强的创作兴趣以及创作才能。但是，对于这一点，张爱玲在文章中却很少提及。在这本还显稚嫩的《摩登红楼梦》里，年少的张爱玲几乎在调动她所有的知识，将她所熟悉的古典文萃、中西文化融会贯通进去，充分显示了她的聪慧和在写作上的天赋，当时很多的成年作家，都无法企及。那部《摩登红楼梦》的创作也是一种预示，或者说是为张爱玲痴迷、考据《红楼梦》拉开了一角大幕。张爱玲晚年寡居海外，"十年一觉迷考据，赢得红楼梦魇名。"一部《红楼梦魇》，寄托着她一生都无法挥开的情结。

人是矛盾的组合体，更何况一个涉世未深的青春少女。姑姑的家与父亲的家，代表了两种截然相反的世界，两种水火不容的生活。一面是充满了现代的、清新的、热情洋溢的文明气息，一面是线装书、鸦片、古体诗交织起的满清旧空气。爱玲在这两种气息的混杂中，一天天长大了。对于姑姑与母亲所代表的那部分西方文明，她心生向往却又不善于把握。对于父亲所代表的那部分封建旧习，她既痛恨又留恋，那些古老的记忆是她心灵成长的摇篮。在那个时代的浮浮沉沉之中，她是矛盾的、分裂的，有时会觉得进退两难，就想抓住身边的什么东西来证实自己的存在。这种矛盾与分裂后来贯穿她漫长的一生，这种彻底的虚无感成为后来她众多作品的主题，反复出现在她的笔下。

1934 年，在张爱玲的生活里发生了两件大事：一是父亲再婚，二是上高中了。这时的张爱玲已初通人事，再加上一颗敏感纤弱的心，她对外界事物的感觉也特别丰富，特别复杂。

张爱玲的中学生活并不开心，就像她弟弟张子静回忆姐弟生活时所说的那样："我们的成长期结束了，但是我们的创伤还在成长。"而不开心的原因大多来自家庭，"旧衣事件"就是其中一个例子。

张爱玲的继母孙用蕃的出身也很显赫。她的祖父是清光绪皇帝的老师，才学可见一斑；父亲孙宝琦曾两次任北洋军阀时期的国务总理。孙宝琦一生娶了一妻四妾，生有八子十六女，孙用蕃排在第七。在这种子女众多的大家庭中，孙用蕃的美貌和才华并不出众，因而在家庭中的地位比较尴尬。而她年轻时，据说因为一段刻骨铭心的爱情受到打击，从此遁入"烟门"，与鸦片和烟榻终日为伍。而在那个时候，孙宝琦当时的经济实力已经没有那么强盛了，为了维持家门的繁盛荣昌，孙宝琦沿袭了古代豪门望族的一贯做法——联姻。

她的继母孙用蕃出嫁前听说张爱玲的个头跟她差不多，于是带了两箱旧衣服给她穿。可是孙用蕃失误在一厢情愿，见惯了生母黄逸梵新潮时尚装扮的张爱玲，自小就有着极高的审美眼光，在她的心里这一箱子陈腐灰暗的旧衣服穿在身上简直就如披着牛皮一样让人恶心生厌，穿着破旧，在贵族化的圣玛利亚女校里她自然觉得难堪了。张爱玲回忆说：

> "有一个时期在继母统治下生活着，拣她穿剩的衣服穿，永远不能忘记一件暗红的薄棉袍，碎牛肉的颜色，穿不完地穿着，就像浑身生了冻疮；冬天已经过去了，还留着冻疮的疤——是那样的憎恶与羞耻。"（《对照记》）

> "一大半是因为自惭形秽，中学生活是不愉快的，也很少交朋友。"（《流言·童言无忌》）

在圣玛利亚女校就读的学生，大多非富即贵。因为校规苛刻和功课的繁重，几乎每年都会发生学生中途退学的情形。爱玲自入校后始终名列前茅，可她很少再有快乐。在一群花枝招展的女孩子中间，爱玲感到了一种与年龄极不相称的悲哀与落寞。年纪小小的她，反而有了一种垂垂老矣的感叹：

> "青春如流水一般的长逝之后，数十载风雨绵绵的灰色生活又将怎样度过？"（《迟暮》）

所幸，她在那里遇到了一位对她的写作影响至深的老师汪宏声。与以往那些刻板、严肃的国文老师不同，汪宏声到女校任国文部主任后，除了将课程大加修改外，更是在图书馆添置了大量书报杂志，努力为学生争取发表本国语言文字作品的机会。在第一期作文课上，汪先生就在黑板上潇洒地写下两个题目——《学艺叙》、《幕前人语》。

"学艺叙,顾名思义,就是把个人学琴唱歌的经过与感想写下来。幕前人语,即影评,就是把个人看电影后的感受写出来。当然,如果你们有另外的感想也可自由命题,题材不限。"当汪宏声在黑板上写完那堂作文课的题目,又拍拍手上的粉笔灰轻轻为台下的学生们作完那番解释后,台下的学生们都震惊了,习惯了作命题"八股文"的他们,被这位新老师的新教法深深吸引了。

那一次,爱玲交上来的作文是自拟的题目《看云》。在学生们交上来的众多作文中,汪宏声翻到那篇署名张爱玲的作文时,紧绷的脸上终于露出一丝难得的笑容。虽然文中夹杂着几个错别字,但通篇看来潇洒流畅,用词虽有些雕琢气但辞藻瑰丽,非其他学生所能及。汪宏声开始关注张爱玲这个学生。改发文卷那天一遍一遍夸赞她写得好。那时候,张爱玲还坐在教室最后一排的一个不起眼的角落里。

"一位瘦骨嶙峋的少女,不像绝大多数女生那样烫发,衣饰也并不入时——那时风行窄袖旗袍,而她穿的则是宽袖——走上讲台来的时候,表情颇为板滞。"那便是张爱玲当时留给汪宏声的印象,一个才华不凡却沉默寡言的瘦弱小女生。

其实,张爱玲的写作才华在很早之前就已经显现,童年时代的涂鸦自不必再说,就在汪宏声进入女校之前,张爱玲已在圣玛利亚女校年刊《凤藻》上发表过几篇文章,包括用英文撰写的两篇小品文《牧羊者素描》和《心愿》。其中,短篇小说《不幸的她》刊于 1932 年《凤藻》总第十二期上,那时她刚刚读初一。这篇小说写年轻、孤傲、爱自由的"她"为追寻独立自主的生活四处漂泊,充满对童年生活的怀念,对纯真友情的依恋,忧郁缠绵的笔调中透露出少女张爱玲的早慧和敏感:

> 暮色渐浓了,新月微微地升在空中。她只是细细地在脑中寻绎她童年的快乐,她耳边仿佛还缭绕着那从前的歌声呢!

言为心声,十二岁的孤独少女笔下,难以摆脱那份自我。在爱玲八岁到十二岁的那几年时间里,她经历了母亲回国的喜悦,经历了与母亲相守的幸福,也目睹了父母的争吵与家庭的破裂,又眼睁睁看着自己最爱的母亲再度漂洋过海而去。那一切,在"不幸的她"身上得到了一份寄托。

散文《迟暮》发表在 1933 年的校刊上,是其母亲黄逸梵的真实写照:

灯光绿黯黯的，更显出夜半的苍凉。在暗室的一隅，发出一声声凄切凝重的磬声，和着轻轻的喃喃的模模糊糊的诵经声，黄卷青灯，美人迟暮，千古一辙。她心里千回百转地想，接着，一滴冷的泪珠流到冷的嘴唇上，封住了想说话又说不出的颤动着的口。

校刊成了张爱玲最早发表文字的一方绝佳天地，在圣玛利亚女校读书的那几年，她在校刊上发表了大量的小说、散文，如《迟暮》《秋雨》《论卡通画之前途》《心愿》《牛》《霸王别姬》等，引起了校内师生们的广泛注意。

1937年发表的《论卡通画之前途》不仅写得文采斐然，也显示了张爱玲非同一般的远见卓识：

卡通的价值决不在电影之下。如果电影是文学的小妹妹，那么卡通便是二十世纪女神新赐予文艺的另一个玉雪可爱的小妹妹了。我们应当用全力去培植她，给人类的艺术发达史上再添上灿烂光明的一页。

她的预言真准。在20世纪末，卡通片《花木兰》《大闹天宫》的确引起了巨大轰动。

为了进一步增强学生用中文写作的热情，提高写作水平，汪先生利用一个名叫国光会的组织，发动出版一份32开本的小型刊物，名为《国光》。他们请张爱玲出任编者，却被她拒绝，她只愿意在上面发表作品。在那期间，两篇小说《牛》《霸王别姬》曾引起校内轰动。

1936年发表在校刊《国光》第九期上的《霸王别姬》，其行文技巧之成熟使全校师生为之吃惊。汪宏声先生上课时大加赞赏，说其与郭沫若的《楚霸王之死》相比较，简直可以说有过之而无不及。编者在《编辑室谈话》中也做了高度评价："爱玲君的《霸王别姬》用新的手法、新的意义，重述了我们历史上最有名的英雄美人故事，写来气魄雄豪，说得上是一篇'力作'。"

《霸王别姬》何以如此受宠？

在传统的中国京剧舞台上，我们会更多地把虞姬看成一个悲剧角色；但张爱玲笔下，虞姬的死则是为了实现自己的价值，多了一份理性色彩，这是一个清醒的、有自尊心的女性形象。在那里，虞姬不再是传统戏台上那个柔情似水又刚烈如火并最终为霸王殉情而死的女人，而是为了"实现自己的价值"将一把精致的小刀抽出刀鞘，深深地刺进了自己的胸膛。

> 虞姬微笑。她很迅速地把小刀抽出了鞘，只一刺，就深深地刺进了她的胸膛。
>
> 项羽冲过去托住她的腰，她的手还紧紧抓着那镶金的刀柄，项羽俯下他的含泪的火一般光明的大眼睛紧紧瞅着她。她张开她的眼，然后，仿佛受不住这样强烈的阳光似的，她又合上了它们。项羽把耳朵凑到她的颤动的唇边，他听见她在说一句他所不懂的话：
>
> "我比较喜欢这样的收梢。"

塑造出这样一个美丽又有自尊的女性形象，并在这个人物身上赋予的那种独立自主的女性气质，这正是爱玲一生都在追求的。而虞姬的自刎也让人寻味，与其面对那样不堪的命运，还不如有个漂亮的收场，是以此斩断无穷的烦恼，还是幻想用死换得对项王的永久占有？或许二者兼而有之，于是虞姬的自刎成为一个美丽而又苍凉的手势。

这篇小说的确没有多少中国味道，不过是古装的人物披挂着全副现代思想的甲胄说话，而且虞姬在四面楚歌中不想眼下的处境，却要多此一举地对另一种看来她已经不会有机会过上的人生想入非非，实在也有几分蹊跷。值得注意的是这里的女性意识。张爱玲借这个历史的故事探讨了当代女性的处境：她们意识到自己对男人的依附，洞悉了这依附后面的悲剧，却又无力摆脱这种依附，她们就在这两难之境中苦苦挣扎，虞姬的自刎不是真正的解脱，而是将这挣扎定格了——定格为一个美丽而又苍凉的手势。《霸王别姬》当然还有太多观念演绎的痕迹，几年后张爱玲将为我们勾画出女性的种种"苍凉手势"，那时她已经在其中注入了难以明言的人生感慨。那一年，她不过是一个十七岁的花季少女，但她笔下的作品的沉郁与厚重，已超乎想象。

综观张爱玲漫长的创作生涯，不乏许多闪光的作品，如深入骨髓揭露人性的《金锁记》，心理描写精彩、引人入胜的《红玫瑰与白玫瑰》，情节曲折动人、让人欲罢不能的《十八春》等等。但是，在这样漫长而光辉的创作生涯的源头，有一部作品，却是不能忽视的，那就是张爱玲的"少作"《霸王别姬》。张爱玲写《霸王别姬》时也不过十几岁的年纪，已然文笔老道、洞悉人性如中年人。值得称道的是，在《霸王别姬》中她已尝试将西方现代心理分析方法和中国古典小说的传统叙事手法交融在一起，其成熟的技巧令国文老师也甚感吃惊，乃至公开在课堂上赞扬它可以可与郭沫若的《楚霸王之死》相媲美。然而就是这样的一篇当年的"力作"，却差点被读者遗忘。长期以来，海内外一直把《天才梦》看做张爱玲的成名作。现在看来，张爱玲最早引人注意的作品应当是1937年先发表于《国光》的《牛》和《霸王别姬》。

《霸王别姬》的故事很多作家都讲过，很多人也都听过，它是张爱玲唯一的一篇历史小说，取材于人们非常熟悉的楚汉战争中西楚霸王项羽兵败垓下、痛别虞姬的故事。"霸王别姬"历来是文人墨客所钟爱的题材，新文学家中写项羽山穷水尽、兵败垓下的也不乏其人。郭沫若就写了一篇《楚霸王自杀》，作于张爱玲《霸王别姬》的前一年，但他是借小说探讨项羽失败的原因，正如他自己所说："我是利用我的科学的知识，对于历史的故事重做新的解释与翻案。"张爱玲却与众不同，她对"霸王别姬"有自己独特的理解、独特的感受。即使和郭沫若这样的大文豪作同样题材的文章，她也毫不逊色。正像《国光》的编者所说："编者曾看过郭沫若用同样题材写的《楚霸王自杀》，爱玲君的作品绝不会因了文坛巨人的大名而就此掩住的。"《霸王别姬》最大的成功之处应当是它独特的叙事角度。以往众多描写"霸王别姬"的作品，无一不是把关注的焦点和描写的重点集中在"力拔山兮气盖世"的英雄项羽身上。在他们的笔下，项羽不仅所向披靡、勇武盖世，堪称一代英豪，而且柔情似水、儿女情长，尤其是当他身处四面楚歌、山穷水尽之时，忍痛洒泪与爱姬虞姬生离死别的一幕，更增加了这个悲剧人物的悲剧意义。在人们的心目中，项羽不仅勇武，而且重情，他和虞姬的爱情故事，成为千古绝唱，成为文人墨客乐此不疲谈论的永恒题材。在这个英雄美人的故事里，人们把所有的目光所有的笔墨集中到了英雄项羽身上，没有人注意虞姬这个配角，她的所想、她的所感，无人关注。在人们的眼中，她只是英雄的陪衬，像绿叶一样，默默地衬托着项羽这朵红花。只有十七岁的张爱玲注意到了。她在学校接触到《项羽本纪》之后，显然被历史上的这个英雄的悲剧故事所打动。于是，她重新捡起这个陈旧的题材，独辟蹊径。在人物刻画上，张爱玲对项羽更多的是运用外貌描写和语言描写来刻画这一英雄人物，并且是通过虞姬的"眼睛"来展现的。而在对虞姬的人物刻画上却侧重于心理描写，全文便是通过虞姬的心理变化来推动文章向前发展的。从虞姬的角度，用她稚嫩的笔，再次演绎了这个爱情悲剧故事。

卓稼翁《题苏小楼词》云："丈夫执手把吴钩，欲断万人头。因何铁石打成心，性却为花柔。君看项籍并刘季，一怒使人愁。只因撞虞姬戚式，豪气都休。"大丈夫也有绕指柔，心有猛虎，细嗅蔷薇？你会被这种情感所打动吗？"籍之雄心，以先为虞死矣，虞特以死报之耳。"如果变成这样的呢？会感动吗？因你死、为你死的爱情？自古以来，英雄人物的悲剧好像不归因于女性就会损坏他的英勇。自古以来，温柔乡，英雄冢。

《霸王别姬》里，西楚霸王依旧高傲，只是这种高傲，染上了衰颓的色彩。"他是那种永远年轻的人们中的一个，虽然他那纷披在额前的乱发已有几茎灰白色的，并且光阴的利刃已经在他坚凝的前额上划了几条深深的皱痕"，"他那黝黑的眼睛，虽然轻轻蒙上了一层犹豫的纱"；在"淋淋漓漓"的烛光中，张爱玲带我们看到了项羽"那高傲的薄薄的嘴唇紧紧地抿着，从嘴角的微涡起，两条疲倦的皱纹深深地切过两腮，一直延长到下颌"——这是一个落寞的英雄在最艰难的时刻露出的表情——张爱玲是爱着项羽的。不然，她怎么会看到"当他抬起脸来的时候，那乌黑的大眼睛里却跳出了只有孩子的天真的眼睛里才有的焰焰的火花"，"他的熟睡的脸依然含着一个婴儿的坦白和固执"。

楚霸王是坚强的，他与虞姬之间拥有了真正的爱情，"虞兮虞兮奈若何？"不仅流露出心底的柔软，更像是心底对自己将亡的喟叹。

龙子犹有诗云："陈平逃去范增亡，独有虞兮伴剑铓。喑哑有灵须讼帝，急将舞草变鸳鸯。"在《霸王别姬》中，张爱玲以她独特的女性的视角，满怀热情地塑造了虞姬这个不惜以身殉情、温柔而又刚烈的女性形象。虞姬深受项羽宠爱，她也一直"以他的胜利为她的胜利，以他的苦痛为她的苦痛"，他的事业就是她的事业。在人们的眼中，她可能只是花瓶中娇弱的鲜花，笼中呢喃的金丝鸟。但事实上，她是项羽事业上不可或缺的得力助手，就像我们惯常所说的那样，她是那个成功男人背后的伟大的女性。当他们和千余名士兵被刘邦的十万大军围在垓下之时，她没有慌乱，没有抱怨，她强压着心中的不安，面带微笑地安慰她的大王。伺候大王睡下之后，她像以往那样，点着蜡烛，到军营里去巡营。可以说，项王能够走到今天，创下惊天的业绩，和虞姬的支持、虞姬的辅佐，以及虞姬的努力是分不开的。然而，张爱玲笔下的虞姬，却并非仅止于此，她有自己的思想，有自己内心的矛盾，每当她"出来巡营的时候，她开始想起她个人的事来了"。她意识到，"他活着，为了他的壮志而活着"。然而她呢？她只是为他而活着，"她仅仅是他的高亢的英雄的呼啸的一个微弱的回声"。并且，她无奈地意识到，一旦项羽称霸天下，她将得到些什么呢？她将得到"一个'贵人'的封号"和"一个终身监禁的处分"！她将会"成了一个被蚀的明月，阴暗，忧愁，郁结，发狂"。可是，尽管如此，当她发现项羽已陷入四面楚歌的绝境时，虽然极为痛苦，为了项羽，为了不让项羽分心顾虑她，保护她，为了不让江东的子弟兵讪笑他"为了一个女人失去了战斗的能力"，她毫不犹豫地结束了自己年轻的生命。弥留之际，项羽听到她说了一句他听不懂的话："我比较喜欢那样的收梢。"是啊，还有什么比这样的结局更完美的呢？虽然付出了生命的代价，但能够死在爱人的怀中，她已经心满意足了。她怎么能等到老了，被他厌倦了，然后无奈地死在清冷的后宫呢？是啊！他怎么能够听懂她的话呢？他从来没有真正地走进她的内心，去倾听她的复杂而矛盾的心语。在这里，张爱玲注重开掘虞姬的内心世界，把她矛盾复杂的心理和情感充分地展现出来。在虞姬身上，张爱玲长于刻画女性性格的特长也初露端倪。

善于运用环境来烘托和渲染气氛是《霸王别姬》的又一个重要特点。这是两次残酷的战斗之间的间隙，是一个暂时宁静的夜晚，"夜风丝溜溜地吹着，把帐篷顶上的帅字吹得豁喇喇乱卷"。这样的夜风预示一场新的战斗就要到来。那曾经在战场上鼓舞士气、身经百战没有倒下的"帅"字，等待它的将会是怎样的命运呢？"夜是静静的，在迷濛的薄雾中，小小的淡白色的篷帐缀满了这山坡，在帐子缝里漏出一点一点的火光，正像夏夜里遍山开满的红心白瓣的野豆花一般。战马呜呜悲啸的声音卷在风里远远传过来，守夜人一下一下敲着更绕着营盘用单调的步伐走着。""在黑暗中，守兵的长矛闪闪地发出微光，马粪的气味、血腥、干草香，静静地在清澄的夜的空气中飘荡。"这一切是那么矛盾，迷人的山野，迷人的夜，却怎么也掩盖不住空气中的血腥，令我们自然而然地联想到"古来征战几人回"的厮杀的战场。士兵唱起了楚歌《罗敷姐》和《哭长城》，"先是只有一只颤抖的、孤零的喉咙在唱，但，也许是士兵的怀乡症被淡淡的月色勾上来了吧，四面的营盘里都合唱起来了"。这哀哀戚戚的楚歌又渲染出一种浓重的怀乡的感伤。在这淡淡的月色和血腥中，这样的歌声让人惆怅、动容、不寒而栗。由此，我们不得不承认，张爱玲确实是一个渲染气氛的天才和高手。

我们都知道，善于运用意象来表达隐喻、象征等深层的意蕴，是张爱玲小说创作的一大特色。《霸王别姬》虽然创作较早，但张爱玲的这一特长也已从这部小说中初步显露出来。张爱玲在后来的作品中最常用的意象"月亮"，在这篇小说中已出现。虽然只有一两处，但我们已经看到张爱玲对这一意象的情有独钟。《霸王别姬》中还有一个意象值得我们注意，即虞姬手中那一段短短的蜡烛。"蜡烛"这个意象在这篇小说中多次出现，可以说，每次出现都有着不同的象征意义。小说开头写到，"在帐篷里，一支红蜡烛，烛油淋淋漓漓地淌下来，淌满了古铜高柄烛台的浮雕的碟子"。"蜡烛"第一次出现，就起到了烘托气氛的作用。接着，虞姬在项羽睡下之后，"一只手拿了烛台，一只手护住了烛光"出去巡营，其间她多次"用宽大的袖口遮住了那一点烛光，防它被风吹灭了"。这里的烛光又意味着什么呢？是否象征着她和项王的爱情，抑或他们的事业、他们前途未卜的命运呢？终于，在四面楚歌声中，她手中的烛光熄灭了。她似乎看到了他们的结局，她内心中所有的希望也随之破灭。最后，当她回到帐篷里时，"蜡烛只点剩了拇指长的一截"。这拇指长的一截蜡烛又暗示着她又度过了一个不眠之夜，而她和项王的生之缘分也只剩最后的一个时辰了，她的生命之旅即将走到尽头。当蜡烛熄灭的时候，她将找到她的归宿。

在描写女人的时候，张爱玲才最深情。虞姬，一位涂上战乱色彩的红颜。张爱玲为她哀叹为她心伤。在刻画虞姬时，用墨最多，用情最深，仿佛此时的自己已经化身成哀怨的虞姬。在战马悲啸、"长矛闪闪"，"马粪的气味、血腥、干草香，静静地在清澄的夜的空气中飘荡"的背景里，张爱玲笔下的虞姬，就仿佛"夏夜里山坡上开放的红心白瓣的野豆花一般"。

虞姬离不开项羽，她不能离开她深爱的男人。她能为他做些什么呢？虞姬不知道，张爱玲也是不知道的。所以，她让虞姬在夏夜里，"披上一件斗篷，一只手拿了烛台，另一只手护住了烛光，悄悄地出了帐篷"。她细步地走着，小心翼翼地走在她的夫君最后坚守的方寸土地上。她还能为他做什么呢？此刻还能做的，只剩下替自己心爱的男人最后再看看那些誓死效忠的战士们。

虞姬跟随楚霸王南征北战十几年，一直陪伴在其身旁，战争的残酷险恶她见过无数次，楚霸王成为她生命的一切，如同文中所说的，"她像影子一般地跟随他，经过漆黑的暴风雨之夜，经过战场上非人的恐怖，也经过饥饿，疲劳，颠沛，永远的"。十余年来，她以他的壮志为她的壮志，她依他的胜利为她的胜利，他的痛苦为她的痛苦。而虞姬为什么会突然产生这一系列的心理活动呢？小说通过虞姬按照惯例外出巡视营房的所见所闻，及垓下近日的战况和士兵的厌战心理，清楚的表现出：她所依赖、仰慕、追随了十几年的太阳，眼中这个永远年轻的大英雄，此时此刻，已走到了他的末路，彻底的失败已是他难逃的劫数了。因此，虞姬有了这一系列的想法和最终用自刎结束自己生命的抉择，也就是说虞姬的自刎是经过她深思熟虑后的选择，英雄与美人的故事就这样画上了句号。

张爱玲的《霸王别姬》虽篇幅不长，人物不多，场景不复杂，也没有激烈的打斗场景，但通过张爱玲的描写，我们仿佛又看到了秦末汉初垓下决战那残酷、激烈、血腥的战斗场景。

虞姬只是个女人，国家大事、天下存亡对她来说比不上霸王脸上那一丝忧郁对她来得重要。项羽在别人眼中是霸王、是英雄，但在虞姬的眼中，他只是她的丈夫、她的爱人，她只为爱他而活。在她的世界里，项羽才是中心，死亡和失败对她来说都无关紧要，失去丈夫的宠爱对她来说才是致命的。

她的死是完美的，因为她死在了她所爱的男人的怀里。这可能也是张爱玲所喜欢的结局。

我们无法否认，张爱玲确实是一个天才的作家，在十七岁的懵懂的年龄，就写出了这样可圈可点的成熟的作品，令人惊叹。虽然，在张爱玲自己和许多研究者看来，这篇小说和张后来发表的许多大作相比起来文笔还略显稚嫩，但综观整部小说，笔触柔和细腻，结构简洁自然，从思想内容到艺术手法都恰到好处，不得不令我们叹服。可以说，从张爱玲的这部"少作"，就可以预见她后来的辉煌。有了这样的源作铺垫，张爱玲的创作生涯能够如此蔚为壮观，也是不难理解的。

在圣玛利亚女校，很多个上课的日子里，坐在教室最后一排的一个角落里的张爱玲，对台上板着面孔讲课的先生不感兴趣，就随心所欲地在纸上涂画着，以打发她寂寞悠长的时光。学校的课程安排，对这位天资聪颖的少女来说，或许太过简单，抑或有太多不合她口味的地方。尽管如此，她的考试成绩每次都很不错，写作成绩更是了得。可她却并不是老师和同学们眼中的"乖"学生，上课走神、作业忘记写，是常有的事。倒也没有人去计较，她一句"我又忘啦"，他们也便笑笑，就原谅了她。

圣玛利亚女校，张爱玲在那里度过了她的初中、高中生活。在那里，她体味过一位少女无处可诉的悲凉，终日沉默寡言，静静来去；她也体味过被人赏识的轻微快乐，女校的校刊是她走向文学之路的第一方舞台。在那里，她开始有了未来人生的计划，她计划中学毕业后同母亲一样，到英国去读大学，还梦想把中国画介绍到美国。她渴望自己比林语堂还出风头，要穿最别致的衣服周游世界，在上海有自己的房子，过一种清爽的生活。那样的美好愿望，曾经激励她比一般学生付出更多的汗水，可当她携着那样的美好愿望转身回到现实里时，却又被那种阴森森、沉闷压抑的空气给笼罩了。

在圣玛利亚女校，因为张爱玲的出现，到现在还是不少人幽思怀旧之地。在张爱玲的生命中，这所学校也应该是她一生重要的一站，因那里是她初次展露文学才华的地方。不过在张爱玲早期的作品中，她却很少提及她的母校。或许如她所言，因为那里留下太多不快乐的回忆。她晚年的小说《同学少年都不贱》于 2004 年 2 月由台北皇冠出版社出版，细心的读者终于在那本书中找到圣玛利亚女校的旧迹：

> 荒烟蔓草的后园，后园里的小丘，星期日寂寞无人的盥洗室，宿舍没装纱窗，夏夜里，一阵阵的江南绿野气息从窗子里涌进来……

原来它一直在那里，在她生命的血液里，曾经的岁月远去，记忆却不会老去。谁说张爱玲无情，她只是不肯轻易提及。

1937 年夏，张爱玲从圣玛利亚女校毕业。就在爱玲中学毕业的那一年，母亲黄逸梵回来了。这一次，母亲是为了张爱玲出国留学的事回来的，为了张爱玲留学的事，母亲黄逸梵曾经托人约张廷重来谈，张廷重避而不见。不但不见曾经的前妻，就连自己一向疼爱的女儿也一并恼恨了，这也可以成为后来张爱玲逃离父亲家的导火索。事情变得更加糟糕是在淞沪会战爆发后，张爱玲家那栋离苏州河畔不远的老房子离交战区非常近，张爱玲在父亲的默许下搬到母亲那里去住两星期，两周后，她回到家里，在她继母的挑拨下，她的父亲数年来积聚心中的怨恨，化成冰雹利剑，终于落向他曾引以为傲的天才女儿身上……

时近深秋，上海的夜晚已有很深的凉意。盛怒之下扬言要用手枪打死女儿的张廷重终究没下得了那样的手。张爱玲知道，父亲不过说说而已。把她关在那栋空房子里，过些时日，等父亲气消了，便会放她出去。但这一次，她却猜错了，这一场囚禁，竟然从秋到冬，漫长得好似没有尽头。

空落落的屋，空落落的红木大床上摊着薄的破旧的被子，吃饭的时候，佣人送来的也不过是寻常的饭菜。张爱玲的自由被限制，如一只烈性的小兽被关进了笼子。张爱玲起初用绝食对抗父亲的暴行，可那样的举动根本不能打动父亲，"不吃就让她饿着"。她发现那样的招数根本不管用，躺在烟榻上的父亲，似乎已经把她忘记了，父亲的绝情让张爱玲再度绝望。软弱换不来她想要的自由，索性就坚强起来。她不再任性糟蹋自己的身体，开始善待自己，送来的饭，不管好吃还是难吃，都强迫自己咽下去。身体条件一旦允许，张爱玲就迫不及待地筹划逃走的事，她再不愿意在那地狱般的房子里多待一天。就在她一心筹划出逃之时，命运却再次同这个可怜的少女开起了可怕的玩笑，痢疾袭击了她，发高烧，上吐下泻，那一次，张爱玲觉得自己要死了。在她濒临死亡的时候，她父亲终究还是下楼来了，瞒过妻子孙用蕃，来到女儿床前，给她打了一些消炎针。漫长的囚禁，使张爱玲对家、对父亲的最后一丝留恋终于一点点耗尽了。她只想离开，经过了一系列的准备和弟弟们的帮助，在一个夜晚，张爱玲终于逃出来了。1938年初春，上海街头，似乎只剩下寒冷了。暗沉沉的街灯底下，一片寒灰。张爱玲的眼里，那一片寒灰的世界，竟是那般可爱可亲，那一场纠缠她半年之久的噩梦终于远了……

从父亲的家里逃出来之后，张爱玲就名正言顺的和母亲、姑姑住在了一起。而那一段非同寻常的囚禁生活被爱玲用英文写成文章，投到《大美晚报》。那是一份美国人办的报纸，张爱玲的父亲一直订阅。晚报的编辑先生给文章起了一个很醒目的标题："What a life, what a girl's life!" 一向最重面子的张廷重看到文章后大为恼火，却也无可奈何。而这一段经历后来又被张爱玲写进她的散文名篇《私语》中，在1944年《天地月刊》上发表。

此后近两年的时间里，张爱玲就和姑姑、母亲住在一起。母亲黄逸梵那次回国本就是为了女儿出国留学的事，等张爱玲搬过来后，她所有的心思便放到培养女儿身上。

将张爱玲打造成她心目中的西式淑女，一直是这位母亲不曾放弃的愿望。可愿望是一回事，现实又是另外一回事。她母亲两年的计划宣判了她最终是一个不合格的淑女，但她在另一种考试中是合格的——那时英国伦敦大学在上海举行招生考试，她考取了。也恰在此时太平洋战争爆发，英国去不成，于是她改入了香港大学念书。

第三章

寻梦港大之天才梦
1939—1941

　　去香港旅游，有一站是万千"张迷"们必去的地方，那就是香港大学。香港大学建于1910年2月26日，其中历史最悠久的建筑就是绿树掩映中的本部大楼。参观港大博物馆，关于张爱玲有如下的文字介绍：

> 　　一九三九年，张爱玲入读香港大学文学院，选修中文及英文科，成绩
> 优异，获颁何福奖学金及Nemeses Donor Scholarship（穆民奖学金），足以
> 应付学费负担。唯完成首两年课程后，一九四一年日军入侵香港被迫停学，
> 翌年返回上海。

　　当时的港大校园里，聚集着来自马来西亚、印度、新加坡及英国等国家的华侨子弟。与爱玲不同，这些人多是富家子弟，家境殷实，无忧无虑。行走在他们中间，爱玲则显得有些孤单。一只破旧的小皮箱，母亲曾拎着它走遍欧洲，后来送给她，皮箱里装着一点可怜的零用钱……上海的繁华已然远去，在那方美丽的校园里，她

渴望用自己的努力来填充内心的那份自卑与虚空。

在港大读书的岁月里，张爱玲一心读书，两耳不闻窗外事。为了实现中学时代的理想——有一天能像林语堂那样用英文写小说成名，爱玲苦练英文，停止了中文写作，给家人写信也用英文。她还读了大量英文小说的原著，像萧伯纳、劳伦斯、毛姆、赫胥黎等人的作品。从这些作品中，她比较系统地接受了西方文化的熏陶。那时候，她最开心的便是收到姑姑的回信，姑姑多年游学海外，英文写得地道而流畅。那娟秀流畅的蓝色字写在极薄的粉红拷贝纸上，还伴着一缕淡淡幽香。信里有一种无聊的情趣，总像是春夏的晴天。渐渐地，张爱玲的英文水平大增，逐渐娴熟如母语。即便是一本自然科学方面的书，她也能毫无障碍地读下来。唯一一次用中文写作，便是创作她的散文名篇《天才梦》。

"生命是一袭华美的袍，爬满了蚤子。"最不熟悉张爱玲作品的人，只要提起张爱玲，怕也会想起这一句。多少年过去，这一精辟的比喻几乎已成为张爱玲的标签。说这句话的时候，她还不到20岁。那一句名句，也只有她这样做着天才梦的天才才能说得出来吧。在港大读书的那两年里，张爱玲几乎完全沉浸到英文世界里，她痴爱的中文写作几乎中断，这不能不说是一种遗憾与损失。

1939年，上海《西风》杂志举行三周年纪念征文，以"我的……"为题，张爱玲写了《我的天才梦》（简称《天才梦》）应征。1940年4月16日，《西风》月刊征文揭晓，张爱玲的《天才梦》本为一等奖，但正式结果公布出来，却被排除在三等奖外，列名誉奖第十三名。次年，《西风》将获奖征文以她的《天才梦》的篇目为书名结集在西风社出版。

《天才梦》里有这样两个片段：

> 我是一个古怪的女孩，从小被视为天才，除了发展我的天才外别无生存的目标。然而，当童年的狂想逐渐褪色的时候，我发现我除了天才的梦之外一无所有——所有的只是天才的乖僻缺点。世人原谅瓦格涅的疏狂，可是他们不会原谅我。

> 生活的艺术，有一部分我不是不能领略。我懂得怎么看《七月巧云》，听苏格兰兵吹 bagpipe（风笛），享受微风中的藤椅，吃盐水花生，欣赏雨夜的霓虹灯，从双层公共汽车上伸出手摘树巅的绿叶。在没有人与人交接

的场合，我充满了生命的欢悦。可是我一天也不能克服这种咬啮性的小烦恼，

生命是一袭华美的袍，爬满了蚤子。

在这篇散文中，我们看到一个天才少女的成长之路——天赋、早慧、自恋、怪癖，在她身上，有着世间天才的优点和乖僻缺点。我们也聆听了一位天才少女的内心独白，有些许的自负，也有淡淡的忧郁。那些气质，对一位日常生活中的普通人来说或许算不得什么，但对一位作家来说，却难能可贵。

在《天才梦》中，张爱玲日后写作的散文中交叠互见的两个方面也已经显山露水：一方面是机智俏皮，一方面是隐隐的悲哀。文章的前面部分一直保持着轻松的调子，张爱玲的脸上挂了会心的微笑叙说她幼时一本正经的做作，诙谐地调侃揶揄她的"天才"、她的可笑的自信心。可是渐渐地调子低下去，说到她等于废物，说到她的愚笨，仿佛真的便有些烦恼，就好像局外人慢慢走入了局中，到了结尾处，竟是不由得悲从中来。

20 世纪三四十年代的上海，活跃着很多被我们视作传奇的女子。而在当时的文学界，似乎任何一个名字都掩盖不住"张爱玲"这三个字带来的光辉。直到今天，我们依然充满热情地阅读并评价她的作品。甚至稍稍接触过文学的人，都能列举出几部张爱玲的作品，足见她的影响之大。而其中的《倾城之恋》、《金锁记》更是在文学史上涂下了浓墨重彩的一笔。其实她卓越的文学天赋在其早期的散文《天才梦》中早已显露无遗，《天才梦》使她在文坛上崭露头角，一些人还把它视为张爱玲出道的成名作。

可能每个人在小时候都幻想过自己长大的职业，我们幻想过，张爱玲也幻想过。从小被人称作天才的张爱玲，她小时候做的梦就比我们普通人大得多了，她做的是天才梦，她从小便立志做一个天才般的人物，从小便展现了自己惊人的创作天分。可是在九岁时她还踌躇着是选择音乐还是美术作为自己终生的事业，当看到一部反映穷困画家的影片后，她决定做一个钢琴家。可是长大后才发现开始的愿望全被自己抛弃了，最终张爱玲学习写作，成了一名作家。可是我们知道音乐和绘画对于她的小说创作是极有帮助的，因为对色彩、音符特别地敏感，所以张爱玲在小说创作中特别喜欢用色彩浓厚、极富音韵的字眼，如"珠灰"、"婉妙"、"melancholy"等具有吸引力的字眼。虽然张爱玲没有实现最初的职业梦想，可最终还是实现了自

己的天才梦，成了一名天才作家。

《天才梦》写作时，张爱玲还不足二十岁，虽然年纪轻轻，但却已经有一些中短篇小说问世了，在人才济济的上海滩也算小有名气。在文章里我们也看到了她的天才之举：三岁就能断断续续地背诵深奥的诗句；七岁时，字还认不全就开始谋划写小说；九岁时就极其郑重地踌躇到底是该选音乐还是美术作为自己终身的事业，果然天赋异禀。天才自然与常人是不同的，"天才"二字本就闪耀着夺目的光辉。我们预想张爱玲会在文章里充满骄傲地展示她的天才之能，可出乎意料的是张爱玲对这种天才之举的叙述完全是平静的、客观的、随意的。字里行间没有太浓烈的情感，随意得有点漫不经心，仿佛在讲述别人的故事。我们还会认为，天才的生活必然是曲折的、悬念迭起的，像情节性很强的小说，处处折射着不同寻常的光辉。张爱玲的散文，差不多偏偏尽言自己，谈自己的所见所闻所感，谈自己的衣食住行、喜怒哀乐。读了《天才梦》之后你会发现，这篇文章展现在我们面前的是张爱玲平凡的、琐屑的、亲切的世界。如《天才梦》中提到自己读俗气的巴黎时装报告，学织绒线，做家务失败，吃盐水花生，在双层公共汽车上伸出手摘树上的绿叶等等作为，似乎都是写我们市井百姓的日常生活。只是这些生活，我们经历着，却没有留意；即使留意，也没有形成文字。可张爱玲就那么轻轻巧巧，看似随意，甚至有点漫不经心，就把一幅人生写真图摆在你的面前。张爱玲习惯了在文字王国里做一个女王，所以她对现实生活陌生得像个孩子。"三岁时能背诵唐诗"，"七岁时写了第一部小说"，"八岁时写了《快乐村》"，这样的张爱玲在文学上无疑是一个天才，她有资本在文学王国里描绘属于她的过去、现在与未来。而在现实的社会里，她"等于一个废物"，不会做连孩子都会做的事，孤僻且冷漠地蜷缩在自己画的牢笼中。或许正是这样，张爱玲才说自己是在做"天才梦"，她认为这样与现实世界相冲突的人怎么能称为天才呢。

《天才梦》里的张爱玲真诚又有趣，文章笔调舒缓，娓娓道来。张爱玲对于自己文学上的天赋和生活能力的不足，都不回避。三岁能背唐诗，七岁写家庭小说，八岁写乌托邦小说，被视为天才并不为过。但张爱玲感受得更多的是一个生活不能自理的天才的凄清：是个路痴，不会削苹果，怕见客，还是有自闭症的"宅女"，害怕与人交往。

她的语言质朴又华丽，温和又苍凉，精练又繁芜。难以想象，这是一个正值青春年华的女子所写出来的文字，如此圆熟又深谙人生百态。文中巧妙的譬喻，形象的描写，鲜明的对比，随意的嘲弄，无处不在。

"生活的艺术，有一部分我不是不能领略。"张爱玲这样平淡的说起，仿佛是在说一件与她不相干的事。一般人或许会很难过，因为不被世人接纳，和大多数人不同。可是张爱玲并没有显露出任何不平或者愤懑的感觉，也没有包含伤心或难过的情愫，她只是淡淡地叙述这一个事实，没有笑容，也没有惋惜。

文章中写道"当童年的狂想逐渐褪色的时候，我发现我除了天才的梦之外一无所有——所有的只是天才的乖僻缺点"。她还在文中写道"在没有人与人交接的场合，我充满了生命的欢悦"。可见她根本不懂得如何生活。

张爱玲是一个充满悖论的传奇，她有着不寻常的出身和爱情经历。她出身名门，却最擅长写小市民的苦乐；她性格张扬叛逆，人生却充满悲剧感；她在现实生活中清高孤寂，在作品里却平易近人。这种矛盾性格无可避免地投射到她的作品里，张爱玲就如此客观地把自己的成就和缺点平静地示人，没有骄傲，没有虚荣，没有张扬，没有隐瞒，甚至会让我们诧异，这是那个清高孤傲、桀骜不驯的张爱玲吗？

张爱玲平淡地叙述了她的天才梦，所用的语言是质朴平易的。张爱玲在作品中说"我学写文章，爱用色调浓厚、音韵铿锵的字眼……因此常犯了堆砌的毛病"。可是通篇读下来，我们找不到任何一个音韵铿锵的词汇，甚至稍有陌生感的词都很难看到。作品的语言就像叙述风格一样通俗，让人读来觉得毫无阻隔也毫无卖弄。可是张爱玲毕竟是张爱玲，她有着特立独行的内在。她绝对不能满足于通篇都是大俗之语，在满眼的平易之中，她又出其不意地点缀上几句惊人之语："生命是一袭华美的袍，爬满了蚤子。"好雅致好深邃的一句话啊！她就这样几近完美地将大雅和大俗两种迥然相异的因素糅合在同一篇作品里，更照应了张爱玲"天才"的才能。语言是简单平易的。虽看似简单，但张爱玲对这些语言的选择却是独具匠心的，使它们极富概括力。比如，作品中写道："我三岁时能背诵唐诗。我还记得摇摇摆摆地立在一个满清遗老的藤椅前朗吟'商女不知亡国恨，隔江犹唱后庭花'，眼看着他的泪珠滚下来。"张爱玲仅仅用了一个词"摇摇摆摆"来形容当时三岁背书时的形态。"摇摇摆摆"这个词看似简单，但我们却能够从中读出多层意思：这四个字把一个三岁的孩子背书时摇头晃脑的得意劲儿表现得生动形象。那个"满清遗老"的反应是"泪珠滚下来"，只有这一情节，但这个人物瞬时鲜活起来。我们可以勾勒出这个老人的面目：花白的长胡须，在藤椅上闭着眼睛悠闲地晒太阳，可一听到孩子背诵"商女不知亡国恨，隔江犹唱后庭花"的诗句时，诗句里饱含的忧伤激发了他对于故去王朝的怀念。这种深情让久经风雨的老人恸容难抑，泪珠儿滚下来，他的沧桑和忠诚也一并喷薄而出。虽然只是一笔带过的配角人物，而张爱玲也无意刻意雕琢，但凭借着她高度概括力的语言，只用一个动作就让这个形象栩栩如生。文章虽短，但不乏惊艳之笔，这些句子就像广袤夜空之中的繁星熠熠生辉。张爱玲回想她弹钢琴时，感觉"那八个音符有不同的个性，穿戴了鲜艳的衣帽携手舞蹈"。乍一看，这句话并不十分惹眼，但细细把玩却别有味道。这句话用拟人的方式首先给我们展示了张爱玲在童年时就具备的丰富想象力，让我们见证了她自小就有的卓尔不群的才情。再者，张爱玲当时只有九岁，一个九岁孩子的脑海里尽是一些颜色鲜艳、漂亮的衣帽之类的东西。从中我们还能窥见她和寻常孩子一样的天真烂漫，看到了天才和庸常两种特质在她身上的混合。而结尾那句"生命是一袭华美的袍，爬满了蚤子"的譬喻又让人大吃一惊，怔忡不已。用生命来譬喻早不新鲜。说生命是一条河、一只船、一首乐曲、一支舞蹈——可张爱玲却不落窠臼地把生命比作一袭华美的袍子。一个不庸常的比喻道出了张爱玲对生命的基本态度：她认为生命本身是美好的，她对生命是认可的。可她又是个孤独敏感的人，在体验着生命的欢悦的同时，却无法克服生活中的咬啮性的小烦恼，诸如在待人接物方面的愚钝和对生活现实的艰难适应。这些烦恼就像蚤子藏在华美的袍子里，不为人知、不随人意却又必不可少。这是她对待生活的方式，既看到生命的华美，又能正确评价生活中的艰辛和苦恼。她把对于生命的体悟化成这样优美动人的句子，感动了无数读者。这不仅是对文章的概括，更是她人生的写照。奢华里有天才之分，而质朴中有人生之真。

兴许，每个人的生命都有一层华丽的包装，生命中的悲喜苦乐错综交织，最辉煌的生命往往暗藏着最悲哀的底色，"华美"是给别人看的，"蚤子"只自知。我们都用尽了全部力气将最好的自己绽放在别人的面前，或绚丽或凋零，但无论如何，生命都是华丽的，因为我们都怀揣着梦想，都在勇敢地追求着。

张爱玲无疑是敏锐的，她品味生活的乐趣，咀嚼人生的无奈。她的一生是在稿纸格里跋涉的，有休憩，但没有停顿；有低谷，但没有结束。她的天才梦是她生命的支点，她也是用一生的心血去营造自己的梦的，所以她是勇敢的做梦者。同时，她的天才梦激励了很多逐梦的人，让更多的人一边做梦，一边实践自己的人生，成为一个幸福的寻梦者。

写这篇文章时，张爱玲还是港大一年级的新生。那时，她刚入学不久，看到《西风》杂志社悬赏征文，便写下了这篇《天才梦》。当时全面抗战刚刚开始，法币贬值，大约三元法币才能兑换一港元，纵得首奖，也没多少钱。但张爱玲还是一遍遍修改誊抄，严格按照征文的要求来写，直到写得头昏脑胀，改到不能再改才将它寄往已成孤岛的上海。

张爱玲在宿舍收到了杂志社寄来的她得了首奖的通知，然而等全部获奖名单到达张爱玲的手上，首奖竟然换成了另外一个人的名字。她的那篇《天才梦》连二奖三奖也不是，最后给了一个"特别奖"。张爱玲的内心无比失望，这篇上千字的散文，在当时的影响并不广泛，在张爱玲的生命中却有着极特殊的意义。她在后来的文章中曾经几次提及它，对其中的一些细枝末节一直耿耿于怀。《天才梦》收入 1976 年 3 月香港文化生活出版社出版的《张看》中，在那本书的附记中，张爱玲做了如下解释：

> 我的《天才梦》获《西风》杂志征文第十三名名誉奖。征文限定字数，所以这篇文字极力压缩，刚在这数目内，但是第一名长好几倍。并不是我几十年后还在斤斤较量，不过因为影响这篇东西的内容与可信性，不得不提一声。

在港大求学的岁月，张爱玲也结识了挚友炎樱，《炎樱语录》《吉利》《双声》《炎樱衣谱》《〈张看〉自序》《气短情长及其他》《烬余录》《〈传奇〉再版序》《对照记》，在张爱玲的这些散文作品里，炎樱或者作为主人公闪亮登场，或者作为线索人物引起一个又一个话题，不管怎么说，她都处在一个让人过目难忘的位置。就连在张爱玲的小说里，炎樱也曾化身小说中的人物出现，《小团圆》和《易经》里，比比（炎樱）的名字两次出现，这在张爱玲的小说作品里是很少见的现象。"个子生得小而丰满，时时有发胖危险"的女子是张爱玲一生中最要好的朋友，港大，则是她们认识的第一站。

1942 年 12 月，日本人进攻香港，中断了张爱玲埋首书本的学生生活。香港是英国人的殖民地，香港的抗战是英国人的抗战，开战的消息在这里并没有像在内地那样激起高涨的民族情绪。张爱玲是个冷眼的旁观者和体验者，像她周围的大多数人一样，映现在她眼中的战争不是它的政治色彩、民族色彩，而是它的灾难性质。在这个意义上，战争如同不可抗拒的自然灾害。在经历了十八天的围城岁月，香港沦陷了，战争结束了。一场战争在人类的文明史上留下野蛮的一笔，过后，时代的列车依旧轰轰向前。张爱玲也在这辆车上，身不由己地前行。

> "时代的车轰轰地往前开。我们坐在车上，经过的也许不过是几条熟悉的街衢，可是在漫天的火光中也自惊心动魄。就可惜我们只顾忙着在一瞥即逝的店铺的橱窗里找寻我们自己的影子——我们只看见自己的脸，苍白，渺小；我们的自私与空虚，我们恬不知耻的愚蠢——谁都像我们一样，然而我们每一个人都是孤独的。"（张爱玲《烬余录》）

辛苦争得的学习机会被战争拦腰截断了，奖学金、英格兰的留学之梦，也统统被扫进了战后的废墟里。对于一个学子来说，优秀的学业被中断无疑是人生一大憾事，但对于一位不久之后将在上海声名鹊起的作家来说，那场战争，无疑又是一个机会。

1942年春天，爱玲和炎樱搭上了回上海的轮船，其时距她完成学业还有一年时间。在港大苦读三年，她是个成绩优异的好学生，本来很有希望被送到英国去深造的，如今大洋上兵舰战船多于客轮，英国也正日子不好过，留学梦是做不成了。叫人沮丧的事还不止这一桩，战火让学校遭了殃，所有的文件记录全被毁掉，她的门门功课第一的记录如今又在哪里？三年苦读，似春梦一场，了无痕迹。这一切很难不让她生出世事无常的怅惘。

蓝灰的香港的海，蔚蓝的香港的天，在长鸣的轮船汽笛声中，渐渐被抛到张爱玲的身后。甲板上，张爱玲迎风而立，猎猎的风，卷起她的衣角，也吹拂着她满脸的忧郁与迷茫……

要回家了，带着一个未竟的梦，张爱玲回到了曾经让她魂牵梦萦的上海。

第四章

初回沪上初绽传奇
1942—1943

张爱玲是深深喜欢着上海的。她认为：

> "上海人是传统的中国人加上近代高压生活的磨练。新旧文化种种畸
> 形产物的交流，结果也许是不甚健康的，但是这里有一种奇异的智慧。"（《到
> 底是上海人》）

母亲又出国了，父亲的家是回不去的。张爱玲便住到了赫德路的爱丁顿公寓，
这里是姑姑租来的公寓，自从父亲处逃到母亲处，对她而言，她的那个家已经不在了，
张爱玲把姑姑家当成了自己在上海的家。

> "乱世的人，得过且过，没有真的家，然而我对于姑姑的家却有一种
> 天长地久的感觉。"（《私语》）

姑姑同张爱玲母亲一样，是一个有独立意识的新女性。与哥哥分家后，就在外面租了房子，做起了自食其力的职业妇女，充分实践了现代女性自力更生的观念。房子很大，有一大客厅，客厅里有壁炉，姑姑还自己设计了家具和地毯。在张爱玲的散文中，姑姑是出现频度最高的人物之一，而且每出现，必转为亲切的、让人会心一笑的笔调。姑姑和炎樱似乎组成了张爱玲日常生活中轻松愉快的那个部分。她在《姑姑语录》等文中流露出的对姑姑的欣赏之意，一见而知。对姑姑的欣赏恐怕也包含了对姑姑选择的生活方式的欣赏，那种生活方式的要点是，自己挣钱自己花，自己管自己，自由自在，住在公寓里，清清静静，没有牵牵绊绊的人事纠缠。总之是一种清爽、简单的生活。当然，要做到自食其力，才有这一份开心和洒脱。

张爱玲最初投的是英文稿，她把稿件投向了英文月刊《二十世纪》。这是一份综合性的刊物，内容有时事报道、小品文、风光旅游、书评影评之类，其读者主要是那些在亚洲的西方人，主编克劳斯·梅涅特是一位德国人，曾获柏林大学博士学位，在莫斯科做过驻苏记者，对中国也很了解。张爱玲在该刊发表的第一篇文章题为《中国人的生活和时装》，此文长八页，近万字，且附有张爱玲所绘的十二幅发型及服饰插图。爱玲虽未出过洋，但文字流畅雅丽，略带一点维多利亚末期的文风，因此，主编梅涅特在编者按中称赞她为"如此有前途的青年天才"。张爱玲的这篇文章受到编者和读者的交口称赞，因此她又陆续写了好几篇散文。有谈中国人的生活与宗教的，有对当时上海放映的电影《梅娘曲》《桃李争春》《万世流芳》等的评论。这些英文文章，她后来把其中的几篇改成了中文发表，如前述谈服装的文章，改为了《更衣记》，后来收入散文集《流言》中。《流言》中的《洋人看京戏及其他》《借银灯》《银宫就学记》《中国人的宗教》等文也是这样改写而成的。它不是一般的翻译，而是一种再创造。由此可见，张爱玲英文、中文文章都写得漂亮。一年间就在该刊发表文章达九篇之多，其中包括有六篇影评，张爱玲的这些影评，对研究这段时期的中国电影史的人而言，很具有参考价值。

梅涅特先生对张爱玲文章喜爱有加，每每在编者按中郑重推介。他还以张爱玲像为封面，向读者广为介绍。封面上的张爱玲的头像，画了眉眼，涂了口红，浓发齐肩。既有知识女性的矜持，又有职业女性的装扮。梅奈特在文中介绍，张爱玲谈服装的文章"备受赞赏"，他分析张爱玲说："与她不少中国同胞差异之处，在于她从不将中国的事物视为理所当然，正由于她对自己的民族有深邃的好奇，使她有能力向外国人诠释中国人。"他评价张谈宗教的文章说:"作者充满遐思奇想的三界漫游中,无意解答宗教的或伦理的诘疑。但她以其独特的趣致方式,成功地向我们解说中国民众的好些心态。"梅涅特所指出的张爱玲熟悉中国人又能超越其生活的国土看中国人的特点,应该说与她读书广博、悟性极好相关,也与她的香港生活经历分不开。这一特点在她后来的小说中有更充分的体现。

英文写作初获成功,这使张爱玲的自信心大增。事实上,更大的成功还在不远处等待着她,一颗新星将要大放光芒于上海文坛。她不满足于这种向外国人介绍中国的铺叙性的表达方式,她更感兴趣的是向自己的同胞展示一个用中文创造的艺术世界。所以在给《二十世纪》写文章不久,她就开始了小说创作。对此,她不仅有充分的自信,而且有急迫的冲动。她要用小说来证明自己的创作才华,要用小说来获得更大的荣誉。

1943 年 3 月初的一个下午,春寒料峭,乍暖还寒。身着鹅黄缎袍的张爱玲小姐在路上匆匆走着,她的衣袖很短,露出下半截手臂,手挽着一个布包,叩开了周瘦鹃先生的门,即赫赫有名的鸳鸯蝴蝶派代表作家,被称为"哀情巨子"的周瘦鹃先生。同时,她叩开了中国现代文坛的神圣之门。

张爱玲带着一封信和《沉香屑·第一炉香》、《沉香屑·第二炉香》两篇文章手稿,这两篇文章讲述了两段发生在香港的故事,她想请周先生看行不行。周瘦鹃接过来浏览了一下,看到标题叫做《沉香屑》,第一篇标明《第一炉香》,第二篇标明《第二炉香》。周瘦鹃当时就觉得挺别致,挺有意味,就请爱玲把稿本留下,容他细细拜读。

一星期后,张爱玲前来叩问先生有何见教,周先生褒扬之辞溢于言表,说了很多鼓励的话,使张爱玲感动而欣喜。周先生又问可否发表在他主持的《紫罗兰》创刊号上,张爱玲满口应允,称谢而去。当晚她又赶来,邀请周瘦鹃夫妇在作品印行之后到她家小坐。她要举行一个小小的茶会以示庆贺,周先生高兴地答应了。

在《紫罗兰》创刊号上,周瘦鹃介绍了《沉香屑·第一炉香》和它的作者:

　　　"如今我郑重地发表了这篇《沉香屑》,请读者共同来欣赏张女士一
　　种特殊情调的作品,而对于当年香港所谓高等华人那种骄奢淫逸的生活,
　　也可得到一个深刻的印象。"(周瘦鹃《写在〈紫罗兰〉前头》)

这是张爱玲第一篇小说的正式发表，是她职业作家生涯的开门红，喜悦之情难以言表，庆贺一下是理所应当的。她对创作充满了信心，每写完一篇作品都是满怀喜悦，兴奋不已。不久之后，《沉香屑·第二炉香》也在《紫罗兰》上发表，在当时的上海引起波澜。

《沉香屑·第一炉香》写的是一个从上海随家来港求学的女孩子葛薇龙，在全家要搬回上海之际，投靠了早年与薇龙父亲反目的姑妈。姑妈是大富翁的小妾，当初不顾家人反对，与港商结合。而今港商已死，留给她大量财富，现在她要以这些换取了她青春的钱来玩爱情游戏，以换回过去的时光。梁太太想让薇龙当自己吸引男人的诱饵，薇龙答应了。薇龙辞别父母搬进梁太太家，整日的声色犬马生活使薇龙渐渐上瘾，迷失了自己。薇龙深知这样不是长久之计，便想尽早嫁人。此时薇龙碰到了纨绔子弟乔琪，并将目标锁定在他身上。在梁太太和乔琪的设计下，薇龙最终嫁给乔琪，成为乔琪和梁太太谋取钱财和男人的工具。故事的结局不言而喻：葛薇龙失去了利用价值之后就被乔琪无情地抛弃。

张爱玲写女人堕落的常见故事，却对这些女人有超常理解。立意不在平面地道德谴责，亦不是对男人世界的理性批判，而是刻意表现洋场文化怎样使中国的传统贞女变了节，一个女子怎样受了诱惑而自甘沉溺，具有浓厚的文化剖析意味。作品对香港的建筑布局、风土人情、上流社会人士的调情技巧，细细道来，一一铺陈，宛如一幅香港风情画。张爱玲悠闲的超然旁观态度，不紧不慢，圆熟老到。张爱玲在初作中就摆脱了同性人以自我为中心滥释情感的写作模式，亦见出手不俗。

《沉香屑·第一炉香》中的葛薇龙，可以称作是尖锐矛盾冲突中的典型代表。

葛薇龙原本是一个纯洁而富有个性的女学生。由于家境贫穷，不得不违背本心向生活腐化堕落的富孀姑母求助。当她第一次踏入姑母的华丽的豪宅，就深深被"依稀还见的那黄地红边的窗棂，绿玻璃窗里映着海色，那巍巍的白房子盖着绿色的琉璃瓦"所震惊，她内心只觉得很有点像古代的皇陵。还未谙熟世事的她，已经慢慢卷入这种半封建式豪奢腐化的生活氛围中。

人老珠黄的姑母当然不是省油的灯，她为了"用这女孩吸引男人"从而收留葛薇龙，心里早早打起了她的如意算盘。

单纯爱美而又世俗的女学生，到底脱不了孩子气，当葛薇龙面对着一大橱华美的衣服，"忍不住锁上了房门，偷偷地一件件试穿着"……热乎劲一过，葛薇龙又突然醒悟："一个女学生哪里用得着这么多？这跟大三堂子里头买进一个人有什么分别。"虽然她已经对以后在梁家扮演的角色心知肚明，但强大的虚荣心和物质欲，无形中战胜了她脆薄而孱弱的抵抗力，她满脑子回味着"柔滑的软缎"，对自己连说两遍"看看也好"。

逐渐沉迷于侈靡生活的薇龙，如果说还来得及挽回头，那么暴雨夜里司徒协套在她手上的那副金刚石镯子，则是彻彻底底地把她囚圄于奢华的堕落中。与此同时，不幸地，她又爱上了一个放荡不羁的纨绔子弟乔琪，还一心想着"要离开这儿，只能找一个阔人，嫁了他"。正如张爱玲笔下的许多女子，把嫁个有钱的阔佬作为女人生命中必完成的一项光荣"使命"。

她自恃深爱着乔琪，但换一个层面说，她始终挚爱的，只是那个半封建气息十足的男人的金钱。当她在约会当晚发现了乔琪之后，爱已蜕化为零，而虚荣欲却膨胀前进。她已经无法摆脱，只有继续选择留下，把自己的青春，卖给梁太太和乔琪。

小说到此戛然而止，没有再写这位美丽的女学生、交际花既定的悲剧。可我们已明晓结局定是一潭绝望的死水，幸福是什么，薇龙永远都不会明白。张爱玲在这篇《沉香屑·第一炉香》中，硬是一片片地把结痂的伤口，剥出淋漓的鲜血。她一直在理智而清醒地把薇龙推到人性的决裂口，然后步入深渊。当我们被惊醒时，才恍然大悟，葛薇龙的故事似乎就是每个时代人性中的一个噩梦。

> "她在人堆里挤着，有一种奇异的感觉。头上是紫黝黝的蓝天，天尽头是紫黝黝的冬天的海，但是海湾里有这么一个地方，有的是密密层层的人，密密层层的灯，密密层层的耀眼的货物……然而在这灯与人与货之外，还有那凄清的天与海——无边的苍凉，无边的恐怖，她的未来，也是如此——不能想，想起来只有无边的恐怖，她没有天长地久的计划。只有在这眼前的琐碎的小东西里，她的畏缩不安的心，能够得到暂时的休息。"

《沉香屑·第一炉香》发表于 1943 年。作品发表以后，张爱玲一举成名，立即成为上海沦陷时期读者与媒体青睐的对象，成为上海滩上一颗最耀眼的文学明星。《沉香屑·第一炉香》作为张爱玲跻身文坛的作品，初步显示出了张爱玲小说的独特性。《沉香屑·第一炉香》给人的第一印象是鸳鸯蝴蝶派的言情小说。众所周知，30 年代正是张恨水言情小说风靡上海之际。1930年，张恨水在上海发表了他著名的言情小说《啼笑因缘》，从而成为上海市民的文学偶像。据说，张恨水在写作高峰的时候，同时为六家报纸写小说。上至国民党官员、社会名流，下至风尘妓女，无不阅读张恨水的小说。张爱玲当时正读小学和中学，她酷爱鸳鸯蝴蝶派小说，崇拜张恨水，甚至写了三角恋爱小说，以手抄本的方式在同学中间传阅，还曾经创作了《摩登红楼梦》。可以说，通俗言情小说对张爱玲的小说创作有极大的影响，《沉香屑·第一炉香》就明显地打上了言情小说的烙印。张爱玲本身就将这篇小说定位为言情小说。其次，从作品的名字看，《沉香屑·第一炉香》也具有通俗小说的味道。从发表的刊物上看，它发表在当时上海的鸳鸯蝴蝶派刊物《紫罗兰》上。当时张爱玲经人介绍推荐，把自己的手稿交给了当时的鸳鸯蝴蝶派老作家周瘦鹃。周瘦鹃看了以后，拍案叫绝，大加称赞，于是，就把作品发表在《紫罗兰》的创刊号上。从它的题材上看，这篇小说写的是香港都市社会女性的爱情和大都市的豪华生活。从作品故事情节看，它完全是以爱情为中心，是写一个纯洁女性与一个花花公子的爱情。从作品的语言上看，它完全是通俗文学语言。譬如作品开头和结尾的叙述方式，是非常典型的通俗文学语言，张爱玲有意营造那种休闲娱乐的阅读氛围。

作品中，葛薇龙的爱情悲剧，可以说是现代都市欲望压力之下的爱情悲剧毁灭。在欲望膨胀的现代都市中，欲望具有无可抗拒的力量，它把一个女性所期待的那种美好的爱情，一层一层地剥去，最后把其也变成了欲望的一部分。这种欲望可以分为两种，物质欲望与身体欲望。在这双重欲望的压力之下，葛薇龙走向了毁灭。小说比较真实、全面而又细致地展示了葛薇龙的那种势在必然的毁灭过程。

首先，爱情信念的崩溃。作品一开始写，葛薇龙求梁太太资助。丫头和梁太太的态度，虽然使她感到屈辱，但是，她仍然屈服了。作品对此时的葛薇龙有过一段精彩的心理描写：

薇龙一个人在太阳里立着，发了一会呆，腮颊晒得火烫，滚下两行泪珠，更觉得冰凉的，直凉进心窝里去，抬起手背来揩了一揩，一步懒似一步的走进回廊，在客室里坐下。心中暗想姑妈在外面的名声原不很干净，我只道是造谣言的人有心糟蹋寡妇人家，再加上梁季腾是香港数一数二的阔人，姑妈又是他生前的得意人儿，遗嘱上特别派了一大注现款给她，房产在外，眼红的人多，自然更说不出话来。如今看这情形，竟是真的了！我平白来搅在浑水里，女孩子家，就是跳到黄河里也洗不清！我还得把计划全盘推翻，再行考虑一下。可是这么一来，今天受了这些气，竟有些不值得！把方才那一幕细细一想，不觉又心酸起来。

　　她用自己的精神屈辱换得了梁太太的帮助，让她住进家里，每天可以车接车送上学。这里，展示了金钱的巨大力量。当葛薇龙走进欲望的香港上流社会以后，她立刻就融入到这个高度欲望化的世界之中。她被上流社会的豪华、奢侈所吸引，无力自拔。作品一开始就是葛薇龙来到梁太太的花园别墅，被那种豪华所吸引。刚住进来的头一个晚上，葛薇龙看到衣橱里为她准备的各种高级服装，简直是欣喜若狂，"忍不住锁上了房门，偷偷地一件件试穿着"。在这里葛薇龙连说两次"看看也好"，如果说第一次是葛薇龙不经意间说出来的，那么后一次则是她特意发出声音来说的，表明葛薇龙这时已经完全认可了姑妈为她精心安排的人生。所以，此时的葛薇龙便微笑着进入了梦乡，不再想姑妈为何特意帮她准备那么多华美的衣服了，也不再思考"这跟大三堂子里买进一个人有什么分别"的问题了。然后是酒会、聚会、男欢女爱等。梁太太把她当做一个钓饵，用她吸引男人，满足自己的欲望，她也默认了。仅仅三个月，她就感到自己已经无法离开这样的生活了，但是，同时她也感到一种悲哀，就是对爱情的绝望。于是，葛薇龙就把融入上层社会，过荣华富贵生活的筹码压在了乔琪身上。葛薇龙对乔琪只是在打赌下注，根本谈不上爱情。而乔琪又是个浪荡子，专爱拈花惹草，他"没有钱，又享惯了福，天生是个招附马的材料"，他可以给葛薇龙任何东西，但是除了婚姻和忠诚。而此时的葛薇龙已经被自己无法遏制的情欲冲昏了头脑，一路深陷了下去，最后"她对爱认了输"，向情欲低头。可即使这样的退让，也并没有让薇龙达成所愿，乔琪的背叛，让她的爱情信念彻彻底底地动摇、崩溃了。

　　像梁太太那样的纯物质化爱情，嫁给一个有钱人，葛薇龙感到无法接受。她排斥姑妈那种物质化爱情，不想做姑妈那样的物质主义者。譬如作品中葛薇龙对司徒协引诱的拒绝，就是对物质欲望的抗拒。但是她虽然可以拒绝司徒协，却无法拒绝乔琪，无法抗拒自我的身体欲望。葛薇龙也曾经很长时间冷淡乔琪，企图努力摆脱情欲的控制，但却以失败告终。葛薇龙总会情不自禁地想起乔琪，作品中不止一次提到，薇龙想到乔琪把脸埋在臂弯里的习惯，而每次想起，都让薇龙很快乐。葛薇龙虽然知道乔琪是什么样的一个人，但是，她仍然喜欢她。甚至对于乔琪与丫头鬼混，葛薇龙也认了。她自信可以依靠自己爱情的力量，使乔琪浪子回头。甚至，她可以去赚钱结婚。她一方面对乔琪具有无法抵抗的爱欲，另一方面又对这种爱情怀有纯洁的梦想。她想在这种纸醉金迷的世界中，开拓出一个美好而浪漫的爱情田园。葛薇龙对乔琪的爱，进入了身体欲望与爱情的纠葛中。

第一次读《第一炉香》的时候，一面同情薇龙，一面又有些怪她爱上不该爱的人不能自拔，最后出卖了自己的人生，悲哀地变成绝望的交际花，而且，她是自愿的。

薇龙不是笼子里的鸟，笼子里的鸟，开了笼，还会飞回来。她是绣在屏风上的鸟——悒郁的紫色缎子屏风上，织金云朵里的一只白鸟。年深月久了，羽毛暗了，霉了，给虫蛀了，死也死在屏风上。

"草坪的一角，栽了一棵小小的杜鹃花，正在开着，花朵儿粉红里略带些黄，是鲜亮的虾子红。墙里的春延烧到墙外去，满山轰轰烈烈开着野杜鹃，那灼灼的红色，一路摧枯拉朽烧下山坡子去了。"这幅壮烈的景开在故事的初端，是伴着葛薇龙初次登上姑妈梁太太的门，站在那宽绰的回廊上的时候看到的。

张爱玲善于用文字娓娓道来一段抑或感人肺腑、抑或荡气回肠、抑或发人深省的故事，这些故事之所以能走入人们的内心，于这些景物的描写是有分不开的关系的。通过有声有色的景物渲染，表达了人物潜藏的心理，而且这种氛围不是静止不变的，因渗入了人物的情感自觉、思想体验等内心活动，具有动态性和流动性，并成为推动情节发展及表现主旨的重要组成部分。

开头的描写也预示了人物在接下来环境中的转变，此后薇龙的人生也就如这些景物预兆般发生了转向。这野杜鹃有一股顽强的生命力，浓烈的色彩象征着葛薇龙盼望迎接的新生活。而"摧枯拉朽"却预示着她最终的结局。再者，也与结尾乔琪燃起的那根烟相呼应。野杜鹃，香烟，再未盛开。

张爱玲"大胆地将物性与人性并列，有时物性还凌驾了人性，这种反叛以人为中心的人性论，是与五四标举的理想道德背道而驰的"。张爱玲写过很多物象。比如说房子、衣服，这些物象在她的描述下成为人生空洞乏味、缺乏生机的代名词。物是死的，是没有生命的，人们在这毫无生气的物上耗尽了心思，而丢掉了生命中极为重要的感情。葛薇龙是那个时代的悲剧，抱着坚定的信念读书，结果却为了她自以为是的爱嫁给了浪荡子乔琪。或者说这是一个笑话，又或者说人生本来就是一个笑话，不同的只是名字。葛薇龙并不爱乔琪，可她却自以为自己很爱他，嫁给他，为了他，利用自己的美貌弄钱，又或者说不是为了乔琪而是为了她自己。

不知道半梦半醒之际，薇龙还会不会在沉沉的夜里无助地抱着自己。人群熙攘，皓月清风，曾执子之手，却不能白头偕老。

"你也用不着我来编谎给你听。你自己会哄自己。总有一天，你不得不承认我是多么可鄙的一个人。那时候，你也要懊悔你为我牺牲了这许多！"

乔琪太坦诚，听着这些话并要为薇龙落下泪来。但是这只是乔琪自以为是的真诚，这也只是为他后来出轨的推辞，但即使是这样，她还是心甘情愿的接受了，这也是她的悲哀。

张爱玲的小说底色是荒凉的。她的作品中荒凉的基调是建立在对日常生活的描述上的，而且是对日常生活的细节不厌其烦的描述。"细节往往是和睦畅快的，引人入胜的，主题永远悲观，且对于人生的笼统观察都指向虚无。"悲凉是一种悲观的荒凉，是一种悲观的感叹，一种女性的敏锐细腻的感叹，有眼前自然景色的荒凉，有内心世界的荒凉，有社会现实的荒凉。社会现实的荒凉在这篇文中的体现便是对葛薇龙与梁太太（她的姑妈）以及她与乔琪复杂的情感描写。时代、国家、革命等一切的大命题都被浓缩在家庭生活的一幕或是一角中，社会的波澜壮阔是遥远而短暂的，长久的是那些平凡的事物。

书中让我印象最深的一句话是："我爱你，关你什么事？"这句话出自葛薇龙之口。按照常理，爱都是相互的，岂能不关对方的事？葛薇龙说出这句话，说明她在一定程度上是清醒的。她知道自己唱的是独角戏，乔琪对她没有一点真心实意。可是，她又是糊涂的，明知是个火坑，还是跳了进去。女人被所谓的爱情绑架，智商就会变为零。从另一个角度，这句话也显示出张爱玲的女性意识。在中国，女性的思路是：谁爱我，我就爱谁。男性的思路是：我爱谁，谁就得爱我。中国的女性，自古以来都是为别人而活的，生下来就是要讨别人的欢心，所谓"女为悦己者容"是也。一个女人，如果义无反顾地爱上一个人，而且不指望得到对方的爱，这也足够离经叛道的了。现在离张爱玲写这篇小说的时间已经过去了七十多年，中国女性的思想也未必达到了这个高度。张爱玲之出名，应该与此有关吧。

《沉香屑·第一炉香》表面上看似是对"丑"的描写，但张爱玲的语言就是有一种独特的魅力，在平淡叙事中含有悲凉沧桑的意味，使人读时深入其情节，读罢又无限感叹。总之，张爱玲在《沉香屑·第一炉香》中既对于纯粹以谋财为目的而嫁人的梁太太嗤之以鼻，又对那些不敢追求爱情或怯懦地迁就无爱婚姻的猥琐平庸的男人颇有微词，同时对以葛薇龙为代表的初入社会而被黑暗现实吞并的年青一代深表同情。洞悉了人性中本有的自私与阴暗，探讨了社会交际中人情的虚无与荒凉。但在这无数"丑"的表象下面实则暗含着张爱玲对于美好感情的追逐与向往，对真诚有爱的社会的憧憬，对善良人性的呼吁。在"丑"之下有着对"美"的无尽的渴求。用冰冷的心体味人世的苍凉，用冷眼旁观的态度看世人的厮杀。她从不乱碰别人的生活，她用自己的人生经验进行创作实践，将人性的残忍与阴暗血淋淋地剥离在你的眼前，但又用独具特色的苍凉的语言诉说着自己的不满，表达了对美好感情、美好世界的向往。这就是张爱玲。一个用"审丑"的方式去探讨人性与人情，又在"丑"中寄托"美"的女作家。即使过了这么多年，张爱玲的语言、她所描述的人性种种，依然给我们现在浮华的都市生活以启迪，正如她所说："三十年前的月亮早已沉了下去，三十年前的人也死了，然而三十年前的故事还没完……"

张爱玲是一个讲故事的高手。我们可以留意一下她所讲故事中的人物，大多是纯粹的中国人，骨子里已经浸透了几千年古老文化的气息，当然也沾染了不少属于民族，也属于整个人类所共有的劣根性的东西。这是人性的弱点，所以悲剧并不单单只发生在我们这一群人身上。

《沉香屑·第二炉香》讲的就不是中国人的故事了，这是一个处在异地他乡的白种人的故事，一个已经把香港当做他的家，习惯于东方生活的外国人的故事。讲述这个故事的人，当然也不可能还是一个传统的纯粹的中国女人了。因为这个故事是在香港的白种人，也就是所谓上等人的社交圈子中流传的。

再点上一炉沉香屑，沉香屑不必放的太多，只需少少的撮上一些，因为这回的故事是比较短的，称不上一段传奇。在缭绕的香烟中，您当然也可以闻到爱情的味道，只是这味道很淡，依稀存在着美的幻想。可是却偏偏喜欢这种幻想，独自沉浸在罗曼蒂克式的柔美梦中，当然，这不能只是怪她，一个初次触碰爱情的女孩，过浓的味道总会让她感觉到些许的不舒适，仿佛一切美的幻想瞬间全部都毁了，破碎成沾着脏的现实。梦醒之后，现实似乎已经离她远去，却深深地刺痛了给她爱情的人，它就像一张新织的蛛丝网一般地飘粘在她的脸上，任凭蛛丝网外边的愚蠢的在她头顶上晃动，指指戳戳地咒骂。蛛丝网逼得她越来越喘不过气来，呼吸随着缭绕的香烟渐渐地淡了下来。沉香屑终于点完了，时间虽然短，却也熏出了半世的人生，而这爱情终究还是一个悲凉的爱情。

《沉香屑·第二炉香》讲的是一个很特别的故事，张爱玲在描写时更多是通过外部环境的描写来阐述人物的命运，是一部值得推敲的小说。看完小说后肯定有很多人会有像我一样的疑问：为何愫细会在结婚当夜逃跑？为何罗杰想尽快地的离开学校？为何罗杰会选择自杀？其实张爱玲在小说里已经告诉了我们这些问题的答案，只是写得非常的含蓄。

《沉香屑·第二炉香》描述一个把自己女儿永远看作孩子的母亲为了保持她们的"纯洁思想"而把她们与性知识隔离，使她们对"性"一无所知。无知使出嫁的大姐靡丽笙误以为有生理需求的丈夫弗兰克丁贝是个变态，而了解此事的母亲，由于溺爱自己的女儿，宁愿自己的大女儿离婚也不愿对女儿进行适当的性教育。同样的事情发生在二女儿愫细身上，不懂性知识的她在新婚之夜出逃，让不了解事情真相的人误以为其丈夫罗杰是一个鲁莽的色情狂，致使罗杰在工作、生活中屡屡受挫，终于在受到别人讽刺之后，罗杰选择了与弗兰克丁贝相同的道路——自杀。

张爱玲的《沉香屑·第二炉香》是"一个脏的故事"，然而她又说了，"可是人总是脏的，沾着人就沾着脏"。这是一个谈到性的小说，但是，张爱玲所指的脏不是性的脏，而是歪曲了性的含义的脏。中国的传统社会一直是耻于谈性，谈到性便觉得脏，然而性的不和谐却毁灭了无数个家庭，也在无数男女的心灵上留下重创，这是一个应该被正视的问题。

张爱玲所安排的讲故事的人是一个在香港读书的爱尔兰女孩子，是她给"我"，一个中国女孩，讲述了这么一个有关白种人的故事。张爱玲在描写时把自己当成了一个旁观者，就像是她在香港听到的一个传奇故事。那么为什么张爱玲要选择白种人作为这个故事的主角呢？因为这样的故事，在传统的中国人当中本来就是不可能发生的。中国古代的新娘，我不知道在结婚前有没有启蒙教育，只记得看过一个片子，里面有这样一个场面：姑娘要出嫁了，母亲特意请了一个有经验的阿婶来开导她。阿婶的话颇为有趣，她对姑娘说，对丈夫要"听其言，观其行"，大概意思是无论丈夫做什么，都不要大惊小怪，都要顺从，这是女人的本分。话说得非常含蓄巧妙，起到了一定的心理暗示作用，使懵懂的新娘有了一些心理准备。

在我们眼中，西方在性教育上一直是很开放的。在西方文化开放自由的鼓吹下，现今的国人们愈发误以为保守是中国传统文化的基因。殊不知，在一百年前的很长一段时间内，国人的性教育比西方国家都要超前。张爱玲小说里的这样一句话告诉我们，西方当时的性教育程度可能并不是我们想的那样。小说是这样说的："多数的中国女孩子们很早就晓得了，也就无所谓神秘。我们的小说书比你们的直爽，我们看到这一类书的机会也比你们多些。"以至于小说中"我"对爱尔兰女孩的晚熟感到吃惊——"我很奇怪，你知道得这么晚"。而之所以会出现这种状况，是因为当时英国淑女教育的流行，张爱玲写这部小说的意义是对所谓英国淑女教育的根本否定。

用旁观者的冷静眼光去看人生，张爱玲本篇的叙述口气很世故。"在这里听克荔门婷的故事，我有一种不应当的感觉，仿佛云端里看厮杀似的，有些残酷。"有点像海明威的不动声色的叙述风格。

小说真正的开始是，主人公罗杰安白登到四十岁才结婚，而且新娘竟然是一位极年轻甚至不谙世事的女孩。张爱玲说道，他是一个罗曼蒂克的傻子，当然这句话要推广到众生，也是一语中的。张爱玲首先把主人公的兴奋心情催逼到一种极点，然后让他站在虚无缥缈的罗曼蒂克的悬崖上自我陶醉，当他看到那四周都是虚无黑暗的深渊时，无奈地来一个惊醒式的纵身一跃，让生命彻底决绝地陨灭于绝望的深渊。这是张氏冰冷沁骨的一种叙述方式，也是一种自我凌迟的冷酷的舞蹈。那种冷艳妖冶也许无人能够效仿，因为她的对于世事洞明之后的冷眼旁观，细致明锐的触觉和笔触也是无人能够企及的。

在笔者看来，过度的纯情是病态，小女儿愫细是，她的姐姐也是。但是无疑她的母亲蜜秋儿太太是病态的源头，也是病得最深的。作为生过三个孩子的母亲，她怎么不可能明白性的奥秘？然而，她只是对女儿一味的"保护"，即使女儿们即将结婚成为人妻，也不对她们进行丝毫的性教育，以致小女儿愫细婚后还认为接吻是夫妻间最亲密的行为，而这也就导致后面一系列的悲剧。

蜜秋儿太太对自己女儿畸形的呵护抑制了罗杰正常的人性的发展，而她平日黑色的装束给人以黑沉沉的感觉，在罗杰婚礼前后的两次诅咒似的祝福使得罗杰毛骨悚然。在自己二女儿重蹈大女儿的覆辙之后她竟然没有自我反思，深刻思考问题的根源，而是将责任推到自己的女婿罗杰身上，致使一个正常的人在遭受了不公平待遇之后在众人的非议之中走向灭亡。蜜秋儿太太的行为就是一个顽固的封建家长的作风，在自己无意或故意犯了错之后竟然能以看似无辜的行径将矛头直指受害者，保证自己的尊严丝毫不受损。然而她对自己尊严的保存是以牺牲自己的女儿和别人的幸福为代价的。

故事的结尾，罗杰安白登这一炉香渐渐地暗了下去，直至熄灭。这是一个有关性启蒙的故事。张爱玲讲这个故事是为了告诉我们，人的长大成熟是必要的，到了一定的阶段就该懂得相应的知识。如果不主动去认识生活，结局一定是可悲的。

张爱玲在这篇小说里运用了叙述语调和象征暗示的手法。张爱玲对整个故事的叙述采用的是一种第三人称全知视角，不过她并没有完全探入各个角色的意识之内，而是只限于对中心人物罗杰安白登的心理描述，侧重于罗杰的内心感受的表白，通过罗杰的眼睛看其他人，来描写其他人。最初，在罗杰的眼中，愫细是"最美丽的女人"，是一个"纯洁的孩子"。而当他经历过那个荒唐的新婚之夜后，他眼中的愫细就发生了变化，虽然还是那样美丽，可是却笑着露出了"一排小蓝牙齿"。在文中，"小蓝牙齿"共出现了三次，是一个突出的象征意象，起着很强的暗示作用。《沉香屑·第二炉香》在张爱玲的作品中，比较不受重视。也许就因为故事中的主人公不是她写得比较多的那类人物，而是很不同的类型：一是出身特别，罗杰是一个在香港的白种人；二是身份特殊，是香港大学里的外籍教授；三是所描写的圈子也与众不同，是香港白种人的社交圈。可是他和他圈子里的那些人同样是普通人，有着同样的人性弱点。这也许正是张爱玲所要提醒我们的另一个问题，不只是我们中国人——旧时代的中国人，新时代的中国人——有着种种人性的弱点，所有的人都是同样的。"它山之石，可以攻玉"，看到别人身上的缺陷，可以让我们更清楚的认识和反省自己。

正如张爱玲在亲历港战后所言："我们的自私与空虚，我们的恬不知耻的愚蠢——谁都像我们一样，然而我们每一个人都是孤独的。"每个生命都是孤独的个体，个体之间不可能有真正的理解与沟通——即使是爱情也不能超越——这就是人性的真相。这也许就是《沉香屑·第二炉香》要带给我们的启示吧。小说总是夸张的，不具有普遍意义，然而对现实生活中的人们来说恰恰具有警示意义，好让我们了解，过度总是不好的。过度的爱，就成了害；过度的占有，意味着失去；过度的纯情，才是真的病态。

在上海文坛上"点燃"《第一炉香》《第二炉香》之后，张爱玲的名字就犹如天女散花一般出现在上海各大报纸杂志上。小说、散文，篇篇精彩，在充满俗世的悲凉的底子上，是满目的珠玉翡翠。那些作品似乎早就备在那里，张爱玲随手拿出来就能发表，发表后就能引来一片惊叹。她是上海文坛上的一轮皎洁的明月，却没有冉冉升空的过程，她是腾空而起的，瞬间即达到了一个光华灿烂的至高点。

张爱玲的《沉香屑》在《紫罗兰》杂志上刊出后，她的名字很快引起另一个人的注意，他就是时任《万象》月刊主编的柯灵。此时，《万象》编辑室的柯灵先生正握着《紫罗兰》杂志出神，他被其中所载的《沉香屑》的魅力所吸引了。他的目光轻轻扫过作者"张爱玲"的名字，要是能请这位女士为《万象》写点作品该多好。正当柯灵先生为如何向张爱玲约稿而犯愁之际，张爱玲竟不期而至了。伴着轻轻的敲门声，张爱玲带着她的《心经》出现在了柯灵先生的面前。《心经》保持了《沉香屑》的张氏风格，让柯灵爱不释手。那篇小说很快就在8月号的《万象》月刊上刊出。

《心经》讲的是十几岁豆蔻年华的女学生许小寒，跟她不太老的父亲和显老的母亲构成了一个隐含的情爱三角。从十几岁起，她几乎是有意地隔绝了父母的爱，一点一滴地隔离了母亲对父亲的感情，一点一滴地霸占了许峰仪——家中唯一的男子的爱。这种爱，既不是父女亲情，又不纯是男女之爱，使得女儿失去了对别的任何男子的兴趣。情形越来越危险，父亲内心的超我力量发起了反抗，他与一个和女儿长得相像并且是女儿同学的姑娘凌卿同居了。小寒拼命抵制，要撕破他的新生活。为了达到目的，甚至动员她先前的"情敌"——母亲联合起来阻止已发生的一切。但母亲以一个旧式女人的可怜态度又来阻止小寒，小寒也无力阻止任何事情，只得负气离家，远走高飞，逃避内心的痛苦。

在张爱玲的这部早期的作品中，其创作的支点是一场灵魂喧嚣的争斗、伤害，直至最后，所有的一切被湮没，它所呈现的是一个完全被错位放置的血缘关系，它所要力图揭示的是人性在社会伦理箝制下的被扭曲与被消磨。实质上，抛开所有的限制，它所讲述的是三个女人和一个男人的情感故事，它的不同之处就在于它的错位与逾越。它将人的自然生物性与人的社会生物性糅合在一起，打成一个无法打开的死结，纠缠在一个家庭的上空，盘旋在喧哗社会的一角，不被人津津乐道，说出来又足以让人容色俱变。它似一束罂粟花，娇艳的开放，悲壮的败落，腐落在烟尘之中。在张爱玲所设置的这样一种错位的情理纠葛中，人性的对立呈现在社会的原生态之中，它通过这种不可调和的矛盾与对立，旨在表达人生存的困境，尤其是女性的生存空间被挤兑的困境。父母与子女之间，不再是浓厚相连的亲情，人与人之间，也不再有那么多的限定。女性为在男权社会下获得她们狭小的生存空间，对立着、斗争着，然而最后只是屈从，争得没有个体主体性的附属生存，沉淀于无声处的喧嚣与烟云之中。三个女性主体被瓦解，换得一个男人主体性的确立，这是一个非理性的对比，却又有着它不容置疑的真实性的存在。

这种令人难以置信的故事，一般读者是难以接受的，他们内心几乎不可能承认类似的事实，甚至有部分人说根本不明白张爱玲为什么要写这样一篇小说，一点儿都看不懂。其实，作品与读者之间是有互相选择的特性的，《心经》尤其体现了这一点。读《心经》，先要明白张爱玲那种不落俗套、天马行空，甚至带点儿偏执的女性的思维方式和心态。这一点上如果能通达了，那《心经》也就不难读了。就像题目暗示的，在这场畸形的爱恋中，每个人物心里都有一本经，人人有异，本本不同。但张爱玲以女性特有的细腻笔触和独特的道德眼光毫不费力地讲述着这故事，征服了读者。

她写许小寒的脸："是童话里小孩的脸，圆鼓鼓的腮帮子，小尖下巴，极长极长的黑眼睛，眼角向上剔着，短而直的鼻子，薄薄的红嘴唇，微微下垂，有一种奇异的令人不安的美。"正是这种天真而狡黠的美，不知不觉地摄取了父亲的心魂。在他的心目中，"小寒——那可爱的大孩子，有着丰泽的象牙黄肉体的大孩子……峰仪努力掣回他的手，仿佛给火烫了一下，脸色都变了，掉过身去，不去看她。"这里对他的潜意识和意识的描写简洁而精细。许峰仪明目张胆的逃避使一切变得模糊了，没有底了。"……她的粉碎了的家！……短短的距离，然而满地似乎都是玻璃屑，尖利的玻璃片。她不能够奔过去，她不能够近他的身。"

张爱玲无疑是个敢爱敢恨的女子。所以，她的作品也毫无避讳的呈现出社会万千现象。在小说《心经》里，她向我们娓娓道来的就是这样一个令人难已启齿的故事，关于恋父情结。从心理学角度上讲，这种事也无可厚非，而张爱玲运用西方弗洛伊德的精神分析法，恰如其分地将这种隐匿的情感展现在我们眼前。无疑，恋父从一开始注定是一场宛如飞蛾扑火的情殇。

小说开头，张爱玲虽未直截了当地挑明许小寒和她父亲之间的微妙关系，但从小说细节之中也能略窥一二。

"女儿是父亲上辈子的情人"，但是这辈子，他们是父女，必须只能是父女——小寒对其父萌生的爱恋，从一开始就注定是个飞蛾扑火式的悲剧，《心经》就记述了一段违背世俗伦理道德的、如小说人物所说的"不健康、不正常"的爱恋。对于这样一个常人看来甚是荒唐、惊悚的故事，张爱玲却用颇显清淡的笔调娓娓道来，不仅是因她本身就具有反叛脱俗的个性，也是由于小说中有大量的铺设情节，使每一步的发生几乎都可以在前幕中寻找到蛛丝马迹，使人看到前一幕就开始期待揣测后一幕即将发生的场景，一幕连缀着一幕，犹如河道间一块块垫脚石引导读者到达预定的彼岸。一切悖于常理的激烈的东西，在这样的笔法下，在不断的揣测与证实中，都变得缓和易于接受了。

对于每一个女孩子来说，父亲就是其生命中第一个接触的异性。对父亲的感情，很容易影响到今后择偶的标准。而小说中的许小寒，她从小到大就一直像小鸟一样依恋着自己的爸爸。随着年龄的增长，她心底的那种朦胧的依恋演变成浓烈的爱慕。

许小寒对父亲的过分依赖和对朋友的炫耀，张爱玲写得细致入微。许小寒和父亲一起到国泰看电影，被人误以为是男女朋友时，她心中甚是得意的。而从她和父亲的合照及他父亲的女装照中，我们也不难想象出她对父亲撒娇的情态。许小寒一直拒绝长大，也正是因为她感觉到了长大之后的微妙变化，她宁愿没长大，一直与父亲保持亲密无间的关系。

《心经》是一篇家庭伦理悲剧，是一篇用弗洛伊德精神分析法指导创作的小说。许峰仪是《心经》中仅有的两个男性之一，文本中有个细节不得不注意。他第一次出场后，许小寒的朋友们方才注意到钢琴上面的两张照片，一张是他，一张是小寒。另外，在许峰仪照片的下方，附着一张小照片，是个粉光脂艳的十五年前的时装妇人，头发剃成男式，围着白丝巾，苹果绿水钻盘花短旗衫，手里携着玉色软缎钱袋，上面绣了一枝紫罗兰。一开始，她们以为是没露面的许母，后来才知道是许峰仪的女装照。《心经》里没有交代照片的来龙去脉，但张爱玲安排这一看似与剧情无关的细节，并非偶然，而是有着深刻的意义。

三张照片，唯独没有许太太。在小寒的生日宴上，她也保持以往的缺席状态。

这暗射在家庭中，她的身份淡化为空洞的符号，处于妻将不妻、母将不母的尴尬状态，这是男权社会对女性的吞噬。照片拍自十五年前，当时父女的畸恋尚未发生。许峰仪的女装癖，是不正常的，是其以易容照来缓解自身对女性身份的渴望。他将这张照片放在大庭广众之下，态度是暧昧的，具有暗示性的，表现出他对许太太身为母亲权利的一种"入侵"或者"僭越"。许峰仪以可父可母的姿态存在，用双性的情怀"吸引"了小寒最初的爱。小寒对他的爱分为三部分，对父亲、对母亲和对情人的爱。

许峰仪将自己伪装成女性，实际上代表了以他为代表的男权社会对女性的掌控与压迫，男性借助自己的力量，越过女性而直接达到其目的。小寒与母亲的照片不能同在，是母女情敌的立场作祟，也是女性意识在男权社会中被扭曲的表现。小寒对母亲没有母女情怀，却有天敌的警戒，将母亲看作一个个体，而不是骨肉传承的关系，对与母亲肢体接触觉得厌恶恐慌，亲情在长期的畸恋中荡然无存。

许小寒爱慕着自己的父亲，必然于无形中伤害自己的母亲。当一个女人过了三十岁，青春不再，她的心灵必定是敏感而又脆弱的。试想某一天，当她满心欢喜地穿了一件漂亮的衣裳，可她的女儿却不以为然地笑了，接着自己的丈夫也跟着不以为然地笑，她的心情会是怎样？记得某一个人讲过，笑是最有魅力的，同时也是最有杀伤力的。而此时此刻，这种笑无疑成了最尖锐的武器，让她遍体鳞伤。可是，她无法去责怪她的女儿，因为女儿依旧是那般的天真可爱。她只能默默地说服自己不必去在意。而当她最后明白女儿那时是故意的时候，却发现自己的心已平静如水。对于许小寒，她终究无法去恨。她只能幻化成一缕不尽凄凉的轻烟，无奈地看丈夫离自己越来越远。

而小寒母亲对小寒的感情，则是通过侧面描写和正面描写相结合来表现的。一是借小寒的父亲的话，看命的说小寒克母，准备把她过继出去，但是母亲不同意。还有就是结尾处，母亲不同意小寒嫁给一个自己不爱的人，害怕她得不到幸福。在最后女儿离开的时候，她还迟钝地说着："你放心，等你回来的时候，我一定还在这……"小寒父母的感情，因为小寒长期的挑唆而破灭。故事的结局，是小寒被母亲强行送走，这对母女的关系由一开始的对立，达成了一种和谐状态。小寒最初对母亲是一种有意的忽视，敌意地抹杀与母亲的联系，将父母的爱凌迟处死。当小寒被父亲背弃之后，她体现出来的歇斯底里与母亲的默默忍受截然不同，她调动了一切的力量来破坏，透露出女性在与男权抗衡中的疯狂与绝望。最后，母女二人的力量对比发生了变化，回归到了她们正常的位置，许峰仪的"感情出走"让她们失去了自己的战场。小说到结尾处，小寒与母亲的关系恢复了，小说以母女之情的升华来获得圆融。她母亲固然是软弱的，然而，她对自己的孩子，还是充满宽容母爱。

对于爱情和婚姻，张爱玲是否定的，并将它们扭曲到一种不可靠近的状态。拥有爱情的婚姻是痛苦的，因为这种爱情容不得你拥有选择的权利。在这种无奈的人与人的关系中，张爱玲将光明的影子投向对亲情的肯定，它其中包含的是对人的自然生物性——母子之情的肯定，包含的是对于人性的回归与放逐的追寻。作品的结尾，许太太值得慰藉的是她用强权换来了女儿的顺从与安定，以温稳的母女之情收尾，有着对于女性命运的终极关照。只不过，它是建立在对爱情的否定与质疑之上的，其中有着女性生存的困惑，有着对于人的被抛弃在世的是非选择和人生存的限定性的反讽。

张爱玲曾说："女孩子有的时候会情不自禁地去诱惑自己的父亲。"而且，许多研究者认为，张爱玲多少存在着一些恋父情结。众所周知，张爱玲出身大家，但他的父亲却是一个游手好闲的堕落的败家子，时常毒打张爱玲，甚至扬言要杀死她，从而导致了张爱玲离家出走，父女两人从此不再联系。阴郁的童年造成了张爱玲父爱的缺失，可张爱玲在后来的数篇文章里却一再地用温情的笔调提起父亲，或许她是想用文字来弥补缺失父亲这个遗憾。由此看来，《心经》的写成是圆了张爱玲的一个梦。

《心经》虽然描写的是乱伦，归根到底也还是关于男女私情。尽管受到了诸多批评，张爱玲坚持着她"清坚决绝的宇宙观，不论政治还是哲学，总未免使人嫌烦"（《烬余录》）。在左翼作家一片高亢的呼喊声中，张爱玲低缓地叙述着爱情的苍凉。在《自己的文章》一文中，张爱玲说："一般所说，'时代的纪念碑'那样的作品，我是写不出来的，也不打算尝试。因为现在似乎还没有这样集中的客观题材。"在《心经》这篇小说中，整个故事的调子是寂寥的，天地般苍茫寂寥。"她坐在栏杆上，仿佛只有她一个人在那儿。背后是空旷的蓝绿色的天，蓝得一点渣子都没有……这里没有别的，只有天与上海与小寒。"典型的张爱玲的语言，让人心惊。

《心经》与张爱玲的名篇比起来，也许太过晦涩，不够深刻，然而笔者还是比较偏爱张爱玲这部边缘化的小说。我觉得在小说里面，是有她自己的影子的。张爱玲的凉薄，注定了小说的悲剧，然而真正爱过的人，始终是幸运的。在她的小说里总是看到人生苦短——又苦又短，而爱情的刹那，便是金色的永恒。她的笔调，总是触及人内心深处的隐秘世界。她很多次地写到上海，在她的笔下，老上海犹如一卷时代久远的水墨画，隔着厚重的时光，发出氤氲的气息。隔着遥远的时光，我们看到了老上海的旧阁楼，老上海细细碎碎的雨，老上海韵味的情调，更重要的是，是看到了生活在那里的人细碎而真实的心事。

几乎在《心经》发表的同时，张爱玲的另一篇小说《茉莉香片》在《杂志》上登了出来。《杂志》的背景要比《紫罗兰》、《万象》来得复杂。过去的出版物有商业性刊物、同仁刊物、党派刊物之分。商业性刊物以营利为目的，看重的是销量，全以读者大众的趣味为归依；同仁杂志是一些在文学、艺术或学术上有相同志趣的人办的出版物；党派刊物则是某个党派的喉舌，受其控制，接受其津贴，人们常称其"有来头"、"有背景"。《杂志》大体上应划入第三类。《杂志》与另一刊物《新中国周报》一样，均附属于《新中国报》，而《新中国报》的后台是日本人（《新中国报》是日出一张的大报，没有过硬的后台，发行这样的大报，其难度在沦陷区是不可想象的）。然而《新中国报》报社的社长袁殊、主编鲁风（即刘慕清，1949年后曾任上海公安局局长杨帆的主任秘书）都是中共地下情报人员。袁殊的公开身份，除报社社长之外，还有国民党中央委员，并曾任汪伪政府的江苏省教育厅长。但是他们的使命是情报而非宣传，报刊的作用更在掩护，《新中国报》表面上自然是亲日的。《杂志》的情形又有不同，它的创办似在给日伪文化活动撑场面。除不见政经、外交、时局等方面的硬性文章外，包括各种类型的文字、实地报道、人物述评，以及不定期刊出的特辑、座谈会记录。它与《紫罗兰》一类消闲杂志的不同之处在于其态度严肃，其社评、编者例言多次声称要走纯文艺的路线。在沦陷时期的上海，《杂志》也许是首屈一指的文学杂志，它聚集了张爱玲、洛川、郭朋、谷正魁、章羽、石挥等一批有才气的作家，又有特殊的背景，能够大张声势地举办活动，其实力绝非其他文学杂志可比。

张爱玲一生中创作的最好的小说作品和一系列的精彩散文，差不多都是在《杂志》上首发的。在此后两年左右的时间里，使张爱玲声名青云直上、风靡上海滩的诸家刊物中，不惜血本、出力最多的，首推《杂志》。

《茉莉香片》这篇小说讲述的故事是围绕着聂传庆和言丹朱所发生的一些寻常又与众不同的事儿发展的。从中体现了"生之艰难，爱之凄凉"的风格。文中的聂传庆，生在聂家，没有选择的权利，也没有爱的滋养，因了生父把对生母的憎恨迁怒于他，他跟着父亲生活二十年，这二十年无名的磨人的忧郁，制造了一个精神残疾的聂传庆。聂传庆的母亲碧落嫁到聂家来，之后生下聂传庆，屏风上又添上了一只鸟，打死她也不能飞下屏风去。即使给了她自由，她也跑不了。聂传庆明白，那就是爱——二十多年前的，绝望的爱。二十多年后，刀子生锈了，然而还是刀。他母亲心里的一把刀，又在他心里绞动了。

聂传庆相信，如果他是子夜与碧落的孩子，如果他是一个生活在有爱的家庭里的孩子，不论生活如何的不安定，他都会活得跟正常人一样。可偏偏，命运捉弄人，母亲所爱的男人，也是他唯一欣赏敬仰的对象，现在是别人的父亲。

言丹朱是一个很好的女孩，她想帮助聂传庆，结果他却把她往死里打，一脚接一脚狠狠地踢在她身上，只管发泄内心的不满和怨恨。按照聂传庆的想法，言丹朱根本不应该在这个世界上存在；他对这个世界充满仇恨，他就要找一个报复的对象，他就选定了言丹朱。他憎恨天真少女言丹朱在学校里给他的温情，却又无法摆脱言丹朱给他带去的诱惑，于是，他的精神陷入了病态……张爱玲以自己家庭为背景的小说《茉莉香片》暗合了新文学作家对父子关系反叛的主题。

《茉莉香片》1943年7月刊登于《杂志》第十一卷第四期，是张爱玲发表的第三篇小说。内容是一个年轻人寻找自己真正的父亲的故事。二十岁的男主角聂传庆瘦弱、忧郁，带有阴柔的美。聂传庆是一个在封建家庭成长起来的性格被扭曲的青年。他憎恨抽大烟的父亲与后母，鄙视家中阴沉的环境，但他也无法挣脱自己的命运。久而久之，便产生了一系列变态的心理及幻想。

"香港是一个华美的但是悲哀的城。"其中发生的传奇，就像一壶茉莉香片，在那荡漾着华美的茶色和氤氲着华美的茶香的梦幻里，你以为你将要享受一份华美的甘醇，然而当你抿一小口，其中的苦味，却渗透了太多太多的悲哀！《茉莉香片》的基调就像张爱玲开头描述的，让人感到苦涩和沉郁。文章一开头，便说聂传庆的前面有人抱着枝枝桠桠的红成一片的杜鹃花。张爱玲这样写道，他的脸衬着粉霞缎一般的花光，也泛起了红光，有几分女性美。到后来，张爱玲写道："窗外少了杜鹃花，只剩下灰色的街。他的脸换了一幅背景，也似乎是黄了，暗了。"他回到他的大宅，黑沉沉的穿堂，他想隐匿起来，不让别的人发现，可惜陈旧腐朽的大宅出卖了他。地板吱呀一响，刘妈便发现了他，他也厌恶刘妈，因为刘妈对他的同情。

　　中日战争发生后，聂传庆随抽大烟的父亲和后母从上海来到香港，在香港一所大学里读书。他认识了一个活泼可爱的同学言丹朱，她是一个教授的女儿。言丹朱是个活泼、开朗、健全的女孩，与传庆形成了鲜明的对比。传庆厌恶自己的家，他的家就是鸦片与不幸的所在。他在旧日的杂志上发现了从未爱过父亲的母亲冯碧落与情人言子夜的绝望的爱，而教授言子夜的家庭却是他向往的健康、健全的家庭。因此这些如同一把尖刀插入聂传庆的心中，扭曲了他对言子夜的倾慕。他一直认为，如若可能，言子夜便是他的父亲，言子夜的家便是他的家，而他应该取代抢了他父亲的言丹朱的地位。

　　他把母亲生前的恋人言子夜作为自己的精神之父，并怨恨自己的母亲当年没有选择言子夜，甚至把怨恨波及到言教授的女儿言丹朱身上，因为他觉得是言丹朱夺走了他可能的位置与父爱。于是，内在的压抑外延到对言丹朱疯狂的施暴，可是他终于发现，他终究逃脱不了既定的一切，如同绣在屏风上的鸟，死也还死在屏风上。

　　言子夜，在引出一段华美而凄丽的爱情的同时，也引爆了聂传庆二十多年来在一个充满仇恨的家庭里孕育和压抑着的变态精神大爆发的导火索。

　　聂传庆对丹朱内心充满着矛盾，他一方面对丹朱极其的憎厌，只因为丹朱是言教授的女儿，他认为是丹朱抢走了他的一切，抢走了他的幸福；但另一方面他又知道丹朱是个好女人，他自己也不由自主地被她吸引。但丹朱一直把聂传庆当做朋友，甚至是个"女人"。就因为聂传庆的懦弱与孤僻，使丹朱不把他当做一般男子来看，甚至对他没有一点的防备，在寂静的夜里和聂传庆单独走在一起也不会有一点害怕。对于这些，聂传庆内心是知道的，每当想到这些他就更加的憎恨丹朱。因为他觉得自己一切的不幸都是丹朱造成的，甚至认为丹朱就不应该存在于这个世界，丹朱享有的一切应该是自己的，甚至包括丹朱的积极、进取等优点，他也会有。

　　这里面穿插了两代人的恩恩怨怨，情愁纠缠，多数是通过剖析聂传庆的心理活动来记叙。聂传庆在讨厌言丹朱的同时，又迫切地希望得到她的爱。因为在他的世界里，从来没有所谓的爱是给予他的。但他这样的一个怯懦无助、没有亲人的男孩子，需要的爱是人人都拥有的最广大的父爱和母爱——"不单是一个爱人，你是一个创造者，一个父亲母亲，一个新的环境，新的天地，你是过去和未来，你是神！"

　　可丹朱能给他什么呢？当聂传庆被言子夜厉声斥责时，是言丹朱晓之以理安慰她；当看到聂传庆独自在圣诞舞会外孤独徘徊时，是言丹朱跑来要陪他一起回去……而这一切，仅仅是因为言丹朱单纯的出于友谊而帮助他，要做他的朋友，要让他快乐。

而聂传庆却错误地认为，这是言丹朱对他的爱，认为"她爱他的话，他就有支配她的权利，可以对于她施行种种绝密的精神上的虐待"。于是他恨她，要摆脱她，狠命地踢她，要给予她精神上的虐待，来报复命运对他的不公。最终，他要她死，"将她的头拼命地往下按"，"向地下的人一阵子踢"，直到她没有声音了。

> "传庆相信，如果他是子夜与碧落的孩子，他比现在的丹朱一定较为深沉、有思想。同时，一个有爱情的家庭里面的孩子，不论生活如何不安定，仍旧是富于自信心和同情——积极、进取、勇敢。丹朱的优点他想必都有，丹朱没有的他也有。"

他忽视了满天眨眼的星星，看不到他眼前那个美丽善良的姑娘，心中浓烈的愠气让他透不过气，忽视了一切，只知道报仇。他把怨气全部出在了言丹朱的身上，言丹朱成为这一切悲剧的替罪羔羊，悲哀！结局的无望使聂传庆曾经所做过的那一丁点努力显得有些幼稚可笑，但实际上这是小说唯一的温情之处。它令我们看到了聂传庆身上除却了"阴郁的、别扭的、女性化的"及"自怨自艾"之外的纯真积极的一面。然而传庆身上这较为美好的一面慢慢地，但确确实实地毁了。悲哀总是在眼睁睁地看着错误发生却又无力阻挡之时产生。从聂传庆的悲剧中，我们几乎可以得出一个结论：人类对于自我的救赎从一开始就注定了失败的结局，这源于人性中恶之因素的不可消除。所以我们也许不得不投入宗教的怀抱——对于神，人保持着谦卑。这不仅能够使我们明白生之意义，即昨天和明天，过去和将来，这可以赋予我们一种明晰的当下性。尽管在思考如何表达自己的谢意的时候，我们会变得忧心忡忡并怅然若失，但承受这种忧心是我们获得救赎的必要前提。当然，张爱玲在她的小说中剔除了宗教之可能，这也许是因为她笔下的人皆属于世俗的缘故。不过她给予了我们另外一种选择，那就是期待他人的救赎。

尘世是多么的繁华热闹，张爱玲随手轻轻一揭，却让我们看见繁花似锦的幕布后哀凉的人生荒漠。在一般的感觉里，苍凉就应该是灰蒙蒙的那种，让人有些恍惚，有些迷离。而她的苍凉偏不如此，五光十色的，温暖的，舒适的，但后来总归让你沉下去，沉下去，成了朵云轩信笺上的一滴泪珠。成为了朵云轩笺杆上的一滴泪珠也不要紧，好歹仍是一个红黄的湿晕。

这是一个悲哀的故事。一个封建的旧家族，捏制了一个畸形的男孩悲凉的心态。在这么个没有谁知道结局的故事里，有一种震撼人心的悲剧将读者牢牢的扣锁。隐而淡淡的苦，萦绕在人的心间。在现代文学的长廊里，张爱玲的作品犹如一幅各种病态人格交织在一起构成的奇特的世俗人生的图画。《茉莉香片》借由一个畸形的受害者转变成变态的施虐者的故事进行自剖，影射了40年代上海"阴郁少年"的境遇，是一部渴望获取生命自由进行解构的小说。主人翁"要寻求自我的本来面目"，"要反抗他所不中意的家庭环境"，但是在经历了寻找母亲之爱、父亲之爱、异性之爱，并试图从自身发掘力量之后，他并没有获得任何被救赎的可能。这也许源于张爱玲那种用"一支笔深入人性的深处，挑开那层核壳，露出人的脆弱黯淡"的写作态度。《茉莉香片》的情节描述、人物塑型与张爱玲个人经历极为相似，可以说是张爱玲对家庭阴影的回忆。张爱玲把弟弟的外貌特征给予聂传庆，而故事中，主人公的种种境遇却与张爱玲自己有关，是她生命经历的翻拍。而张爱玲大胆的自剖式书写方式，使得小说发人深省又耐人寻味。然而，我们应该看到的是，此文以凄惶的基调在完成了对于人生困境的绝望宣言的同时，却也认同了这种挣扎的过程之美。其实解构本身就证实了她对于此问题的关注，从这种意义上来说，张爱玲并不是一个冷漠的作家。

1943年9到10月，《倾城之恋》在《杂志》上发表。在张爱玲的一系列描写香港传奇的作品中，最受欢迎的当数中篇小说《倾城之恋》。《倾城之恋》发表后，大受欢迎。张爱玲又很快将之改编为同名话剧，上演月余，反响强烈。20世纪80年代，香港又将之拍成电影，亦可见其迷人程度。《倾城之恋》是一篇探讨爱情、婚姻和人性在战乱及其前后，怎样挣扎的作品。故事发生在香港，上海来的白家小姐白流苏，经历了一次失败的婚姻，身无分文，在亲戚间备受冷嘲热讽，看尽世态炎凉。偶然认识了多金潇洒的单身汉范柳原，便拿自己当做赌注，远赴香港，力图博取范柳原的爱情，想要争取一个合法的婚姻。两个情场高手斗法的场地在浅水湾饭店，原本白流苏似是服输了，但在范柳原即将离开香港时，日军开始轰炸浅水湾，范柳原折回保护白流苏。日军狂轰滥炸，牵绊了范柳原，白流苏欣喜中不无悲哀，够了，如此患难，足以做十年夫妻。一个放荡男子与一个传统女子在多少次明争暗斗，多少回算尽心机后，还是若即若离，连情人都算不上。只有到了最后，港战爆发了，在躲空袭的紧张氛围之中，在为生计奔波的辛勤劳碌中，两个自私的人才以平实的夫妻式关系结合了。在这兵荒马乱的时代，个人主义者是无处容身的，可是总有地方容得下一对平凡的夫妻。

《倾城之恋》中的范柳原和白流苏的爱情故事，可谓十分复杂，他们并非那种献身革命的英雄人物，但他们之间的情感富有张力，他们的故事引人入胜，扣人心弦，显得那么"动听"和富有魅力。对此，张爱玲曾说：

> "我以为这样写是更真实的。我知道我的作品里缺少力，但既然是个写小说的，就只能尽量表现小说里人物的力，不能替他们创造出力来。而且我相信，他们虽然不过是软弱的凡人，不及英雄的有力，但正是这些凡人比英雄更能代表这时代的总量。"

小说的结局看似圆满，实则浸透着苍凉。正如夏志清在《中国现代小说史》中所言：

> "任凭张爱玲灵敏的头脑和对于感觉快感的爱好，她小说里意象的丰富，在中国现代小说家中可以说是首屈一指。小说的悲凉气氛正是源于胡琴、月、蚊香、镜、空房等这些颇具悲剧意蕴的意象。"

香港的陷落成全了她。但是在这不可理喻的世界里，谁知道什么是因，什么是果？谁知道呢？也许就因为要成全她，一个大都市倾覆了。成千上万的人死去，成千上万的人痛苦着，跟着是惊天动地的大改革……

到处都是传奇，可不见得有这么圆满的收场。胡琴咿咿哑哑响着，在万盏灯亮的夜晚，说不尽的苍凉故事——不问也罢。

在张爱玲一生创作的作品之中，《倾城之恋》无疑占有非常特殊的地位。这里言其特殊，主要是说，《倾城之恋》的人物形象朦胧迷离、自我矛盾而充满纠结，而小说中所传达的表征旨意又非清晰透彻。如此这般，对于已然成为张爱玲代表作的《倾城之恋》的解读，历来诸家说法不一。《倾城之恋》曾饱受学术界的争论，傅雷在《论张爱玲的小说》中着重评述了《金锁记》和《倾城之恋》。借着力捧《金锁记》所留下的言说余地，傅雷不失大度、颇显委婉地、刻薄了一番《倾城之恋》：
"仿佛是一座雕刻精工的翡翠宝塔……美丽的对话，真真假假的捉迷藏……吸引，
无伤大雅的攻守战。"尽管"机巧、文雅、风趣，终究是精炼到近乎变态的社会的产
物……既没有真正的欢畅，也没有刻骨的悲哀"。如果不是傅雷严苛的担当"悲剧
角色"做标准，上述评价似乎也可以反话正解。《倾城之恋》在一般读者中备受欢迎，
显然与这看似"轻薄"的"喜剧"聚焦和描述不无干系。就知名度和雅俗咸宜而言，《金
锁记》明显不能和《倾城之恋》比肩。后者已成为毋庸置疑的张氏代表作，这一点
连张爱玲本人也始料未及。在张爱玲的作品中，少有其他能如《倾城之恋》这般享
有如此的瞩目和争论的。在《写〈倾城之恋〉的老实话》（1944 年 12 月）、《回顾〈倾
城之恋〉》（香港《明报》1984 年 8 月 3 日）的事后追述中，张爱玲表达的多是应
读者之需而写的"被动"和"感激"，个人喜好和感情并不充分。虽然评价者多认为《倾
城之恋》写的是一场浅薄的爱情游戏，没落的上流社会男女上演的猫捉老鼠的游戏，
连张爱玲自己也说这篇小说"仍旧是庸俗"，但是从字里行间依然能感受到她灵魂
的漂泊感，她仿佛用一双冷眼等待关于文明和爱情的末日。

　　一个时代是一座城，一个家庭是一座城，一个人的心也是一座城。有人说张爱
玲的小说除了《倾城之恋》外，都是以悲剧来落幕的。《倾城之恋》似乎成全了白
流苏和范柳原的爱情，可那却是一段以世俗的表象虚掩了真正悲凉的婚姻，是比悲
剧更像悲剧。在那样的爱情故事里，没有一个女人是因为灵魂美而被爱的。而这场
以一个城市的陷落才看清真心的爱情却感动了都市男女，因为他们都在浮华的都市
和琳琅满目的物质生活中遮蔽了双眼，再难相信爱情。

　　《倾城之恋》有个很美的名字，却是在讲述一段不美的爱情，题目表面上流淌
着的诗意，在故事中被男女主人公之间的算计和现实冲得荡然无存。白流苏所要的
无非是"经济上的安全"和一张长期的饭票，而范柳原的计划是要白流苏做情妇而
不是妻子。他们不但有各自的打算，还非常清楚对方的想法，范柳原直截了当地对
白流苏说："我犯不着花钱娶一个对我毫无感情的人来约束我，那太不公平了，对
于你，也不公平。噢，也许你不在乎，根本你以为婚姻就是长期的卖淫。"白流苏
对此也很明白，"他要她，可是他不愿娶她"，只是希望白流苏"自动地投到他的
怀里去"，做他的一个情妇。这哪里有一点点的浪漫气息，分明是一场畸形的交易，
露骨的交易，也是一次爱情的战争。这场交易从一开始就是明显的男人占主动和支

配地位，但战争的到来却改变了一切，香港的沦陷成全了白流苏，使她成了赢家，由"二奶"变成了名正言顺的妻。

历来研究《倾城之恋》者往往专注于白流苏和范柳原的爱情，从神话或者女性主义的视角切入引出种种洞见。相对而言，研究者们对于《倾城之恋》中的时间要素关注不够，鲜有人将时间的感悟作为《倾城之恋》的核心。其实，时间的描述虽然在篇幅上不及白、范二人的情爱，但自始至终，它都是一个有力的、不容忽视的细节枢纽。小说一开始，时间便以一种触目的姿态先行置入了故事的情景：

> 上海为了节省天光，将所有的时钟都拨快了一个小时，然而白公馆里说：
> "我们用的是老钟。"他们的十点钟是人家的十一点。他们唱歌走了板，
> 跟不上生命的胡琴。

这里出现了两种时间的对比和错位，走板的歌声引发了苍凉的韵致。如果说一般的故事讲述中，时间只是单纯的记述坐标，那么这里恰恰出现了"反串"：既然故事可以"拉过来又走过去"，"不问也罢"，那么它的新鲜感和独立性并被取消了；是时间的恍惚启动了故事，对时间的感悟成为讲述的动力和故事的灵魂。反过来说，所有的故事都是不可救药的时间错位意识的展开、反复和验证。

我们能否说《倾城之恋》是一个关于时间的寓言呢？就张爱玲的表白来看，她对故事本身的兴趣并不大，只要读者欢喜，她尽可再涂抹些光鲜的细节。重要的是人物的关系与格局，这是无法更动和借以炫人的部分。小说中，白流苏自称"过了时的女人"，她的形象是和胡琴故事里的"光艳的伶人"叠合在一起的。这成为叙事的起点。当白流苏带着白公馆的时间节奏、记忆入住香港的浅水湾饭店，与自小在英国长大、浪荡油滑的老留学生范柳原调情时，生命的胡琴开始拉起来。范柳原一心要找个地道的中国女人，白流苏则出于她的"婚姻经济"严阵以待。两人的关系像极了旧时的看客和伶人。白流苏的戏演得着实不易，看客愈是叫好，她的架子愈是要端足；她越是想唱得中规中矩，就越是跟不上对方的西式节拍，对方也越是不过瘾。一系列的试探、挑逗，张爱玲写得轻松自如，宛若信手拈来。自始至终，白流苏的思想和智力没有任何"进步"，就像白公馆堂屋里的珐琅自鸣钟，"机括早坏了，停了多年"。在此，"误会"成为"必须"的解构，把时间的"错位"凝

固下来。

在张爱玲细腻的笔调下，我们看到的不仅仅是一个个性鲜明的白流苏，而且看到的是一个物欲横流的社会。其实，社会上还有千千万万个白流苏，不是她影响了社会，而是社会造就了她。

白流苏，再怎样，也不过只是一个普通的女人。她曾说："我又没读过两年书，肩不能挑，手不能提，我能做什么事？"她甚至说："一个女人，再好些，得不到异性的爱，也就得不到同性的尊重。女人们就是这点贱。"从她的字里行间，可见当时的女性根本就是个缺乏自立的弱势群体。在她们的潜意识里，女性就是男性的附属品，婚姻则是她们的庇护所和炫耀的资本。白流苏在这样的社会大染缸里，成了卑弱、虚弱、庸俗的金钱的奴隶，她追求婚姻的动机也许就是这样。后来白流苏变得强势与精明，大概是对自己坎坷命运的一种无奈抗争吧！原来还指望婚姻能带给她至少表面上看来是幸福的生活，但随后而来的婚姻失败浇灭了她的幻想。她忽然发现自己不仅失去了男人，还要忍受娘家人的白眼。世态炎凉把她赶入死胡同，她没有退路，只能做出选择。她不愿也不肯接受女人只能由男人摆布的现实。为了命运，她宁愿把自己当赌注，狠狠地与社会现实赌一把。

如果说白公馆是一座围城的话，这是一座岌岌可危的城，这里不仅与外界充满矛盾，而且内部也是如此。白公馆里的人过着比别人慢一个小时的时间，他们已经与外界脱离了；白流苏与白公馆里的人也一样充满了隔阂，一个离婚居家的女子，遭受了哥哥们的欺骗散尽钱财，遭受嫂嫂们的热嘲冷讽，只得忍气吞声，遭受母亲的忽视而寂寞的生活。面对是否去守活寡，矛盾爆发了，白流苏反抗了，那是出于生的本能的反抗，她用她的一切去赌。而且为了赢，她将目标锁定在了范柳原身上，即使是抢了妹妹的，却依然有着那一份可怜的骄傲，她是如此的骄傲又卑微，她只需要一个好的归宿——是物质的而不是情感的。

世界上最难攻破的即是心城，他们互相试探却又难以深入了解，又或者说他们两人存在着矛盾，范柳原爱上了白流苏的美貌，白流苏需要的是范柳原的物质。范柳原要的是"与子相悦"，白流苏要的是"与子成说"。在范柳原为白流苏安排了一处房子后，白流苏一个人在房间里竟感到了难以名状的寂寞与害怕，或许在她内心深处得到的是一份爱情。看到大半时总认为会是悲剧，不过结尾却出人意料，一场战争成全了白流苏，结尾没有轰轰烈烈，只有平平淡淡。不过，范柳原那句"鬼使神差，我们倒真的恋爱起来了"却让人感到了温暖。或许是张爱玲对自己爱情的一种寄托，抑或是对心中的那份情怀的眷恋与不舍。

读到张爱玲的这篇小说时，总会感到一种历史沧桑感。正如范柳原说的："有一天，我们的文明整个地毁掉了，什么都完了——烧完了，炸完了，塌完了，也许还剩下这堵墙。"张爱玲用她冷峻的语言诠释着历史的变迁，没有血肉模糊，没有刀光剑影，有的只是她的冷眼相看，她轻描淡写地谈论着毁灭，就像她一直俯视着这一切。

张爱玲在《倾城之恋》中要表现的，是一种转变的过程。是人对于现实的无奈妥协和爱情信仰的失落。为了爱情选择离婚的白小姐，在备受压迫的现实下，丧失了警觉和苛责，忽略了爱情信仰的至高地位。倾城之难，排除感情以外的物质、地位等，所剩的只有一种危难间的相濡以沫。而这种纯净必然会因为回归凡俗而被消磨尽。世间情爱，能为人传诵的，都是短暂光辉而顷刻凋零，少了时间和俗尘的消磨，才显得情真意切。古来记载恩爱眷侣，都是戛然止于婚前，便算是给了读者一个圆满的交代。否则，梁祝要是喜结秦晋，怕是也有一天会跌到俗尘中。张爱玲，怕也是有这种爱情"不可共富贵"的情结吧。

小说最后写道："柳原现在从来不跟她闹着玩了，他把他的俏皮话都省下来说给别的女人听。那是值得庆幸的好现象，表示他完全把她当作自家人看待——名正言顺的妻。然而流苏还是有点怅惘。"话虽然短小，却恰似"千里游龙，来此结穴"。无论如何，白小姐还是实现了成为妻子的目标。只是"执子之手，与子偕老"是缘自香港的陷落而非爱情。买得百宝箱，中无翡翠珠——我们以为已得到的东西却已暗中偷换，只不过换了个可人怜的模样强加给我们。或者干脆省掉伪饰，施给了换了模样的我们。"流苏还是有点怅惘"，她还需要时间，以从骨子里改换。人总是有些病态，一面很是决断，一面又无法彻底拒绝那些虚无缥缈的诱惑。

《倾城之恋》精巧的构思就像是精雕细琢的玉器。看似将结局往一个悲剧方向上推，但却由一场战争，白流苏和范柳原意外得到了一个最平凡也是最美好的结局。笔者认为，张爱玲对范柳原这个人物形象的感情是矛盾的。一方面，范柳原英俊潇洒，风度翩翩，是个很有魅力的男人；另一方面，范柳原又是一个不负责任的浪荡子和心计深重的人。但笔者还认为，张爱玲还是偏爱他的，张爱玲理解甚至同情他的所作所为。她借他之口说："生与死与离别，都是大事，不由我们支配。比起外界的力量，我们人是多么小，多么小！"仿佛范柳原是个忧伤的男子，有不得已的苦衷。

这让笔者想起张爱玲和胡兰成的恋爱，觉得张爱玲对这场邂逅是无悔的。她给范、白一个完好的结局，真是内心对爱情的期待。

两个人都有所得，白流苏有了足够炫耀的范太太头衔，富足的生活，不用再面对以前那些明嘲暗讽；范柳原有了安静识趣、并不讨厌的太太，好像都如愿以偿。可是最后："到处都是传奇，可不见得有这么圆满的收场！胡琴还是在万盏灯的夜晚拉过来又拉过去，说不尽苍凉的故事——不问也罢。"物质都有了，可是爱又去往哪里？

张爱玲以胡琴咿呀开始，又以胡琴拉来终了，也不知道这是不是一个暗示。一切悲剧循环不息，看似幸福的爱情、家庭总会走向败落与寂寥，环形的人生最是凄凉。

《倾城之恋》自发表以来就在上海引起巨大反响，而《倾城之恋》也是张爱玲最脍炙人口的中篇小说之一。同年11月，小说《琉璃瓦》在《万象》月刊第五期发表。张爱玲的小说风格是苍凉的居多，阴郁的居多，但这则《琉璃瓦》却极具讽刺意味。

《琉璃瓦》讲述了姚先生对女儿们的婚事可谓是煞费苦心。小说中的姚太太多产，一连生了七个女儿，名字起得好听：玲玲、曲曲、心心、纤纤、端端、簌簌、瑟瑟。秀气所钟，天人感应，女儿一个比一个美，时代流行什么美，生出的就是什么美。说"女儿是家累，是赔钱货，但是美丽的女儿向来不在此例"。于是就开始了嫁女儿的过程，只写了前三个女儿的故事，即玲玲、曲曲、心心——在这过程中，三个女孩的心思摹写得非常细致精彩，家长里短也写得诙谐曲折。姚先生不仅仅是亲自为女儿挑选夫婿，更懂得对三个女儿采取三种完全不同的策略。对长女，他是拍着胸脯担保："以后你有半点不顺心，你找我好了！"于是长女便委委曲曲地答应下来。对次女曲曲，则为她营造了一个青年才俊聚会的氛围，等于是为她圈住了候选人。对心心呢，则精心挑选，设计见面，也无非是要让女儿们嫁给他挑中的女婿罢了。然而"机关算尽太聪明，反误了卿卿性命"。姚先生无疑是精打细算，努力筹划的，但事与愿违。唯一一个终于嫁给他理想中的女婿的，到头来却哭哭啼啼地回娘家来，还有两个女儿，根本就走出了轨道，没有看中他挑中的富有佳婿。

《琉璃瓦》虽称不上张爱玲的代表作，但自有一股摄人的力度。她以辛辣机智的语言嘲讽笔下的人物，又对芸芸众生寄予深厚的同情，在人性本能的扭曲中蕴含了沉郁的悲剧感和历史感，因此，在她的作品中处处可见讽刺的笔调。《琉璃瓦》集中了讽刺的笔力，堪称她的"讽刺小说"代表。张爱玲以她"失落者"的心态，异常冷峻地剖析人性中的种种弱点。她不喜欢采取善与恶、灵与肉的斩钉截铁的冲突，而是注重参差的对照写法，写"不彻底"的人物，写出"现代人的虚伪之中有真实，浮华之中有朴素"，让故事本身给人以启示。其作品辛辣中有宽厚，嘲讽中有同情，机智与幽默融于一体，观察独具慧眼，表现别具一格。

《琉璃瓦》这篇小说抬头就介绍道，姚先生姚太太生了七个女儿，这就注定了姚家没有经历过"娶妻"，背后也留下伏笔，姚家一家在嫁女方面的自私。

姚先生"祖上丢下一点房产，他在一家印刷所里做广告部主任"。他的七个女儿"一个比一个美"，姚先生是爱她的女儿的，当他的亲友和他打趣说他太太是"瓦窑"时，他不以为然。他认为自己家的"瓦"是不同寻常的瓦，并自豪地说出自家瓦是"琉璃瓦"的美丽宣言。正因如此，姚先生一家将婚姻当作攀附上等人的手段，经济与地位的利弊权衡在他们身上来得更坦率、更直接，姚先生也毫不掩饰自己的庸俗与势利。他这一家人无疑属于都市社会里家境小康的小市民阶层，一举手一投足都留下他们特有的"市侩气"。张爱玲在这篇小说中毫不留情地讽刺了这个阶层人们的自私、庸俗、势利、虚伪及他们精刮的算计。姚先生是小说的中心人物，也是作家集中笔力讽刺的对象。"女儿是家累，是赔钱货，但是美丽的女儿向来不在此例。"姚先生很明白其中的道理，"关于她们的前途，他有极周到的计划"。到底是怎样的计划呢？故事由此展开。"她把第一个女儿琤琤嫁给了印刷所大股东的独生子。"这位计划中的女婿自身并什么过人之处，只以豪门子弟自居，不把姚家放在眼里。琤琤本对此不十分满意，但姚先生绝不肯失去这个"香饽饽"，他对女儿威逼利诱，拍胸承诺，终于让女儿跻身"富有的人家"。姚先生算是旗开得胜，如愿以偿了，可只等着收获的他却落得个"印刷所里的广告与营业部合并了，姚先生改了副主任而赌气辞了职"的结果。

一般来说，讽刺小说都离不开夸张，《琉璃瓦》却在人物性格与行为的描写上很少使用夸张。作家是如实地展示人物的内心与言行，通过比较来达到讽刺效果的。如"女儿是家累，是赔钱货，但是美丽的女儿向来不在此例。姚先生很明白其中的道理，可是，要他靠女儿吃饭，他却不是那种人"。姚先生当然不会承认他是"那种人"，但小说情节不动声色地展示的姚先生的行为却已告诉了读者他正是"那种人"。他为三个女儿挑选女婿的标准就是有权有势，就是要攀附富贵，而且他想做"那种人"还不得。这段心理描写产生了足够的幽默与讽刺力量。

当二女儿曲曲"挑错了玩伴",又揭穿姚先生内心的秘密:"若是我陪着上司玩,那又是一说了!"姚先生骂道:"你就是陪着皇帝老子,我也要骂你!"虚张声势的正经,内心与言行的强烈对比,使读者不禁哑然失笑。这虽然是毫无夸张的纯粹写实,却达到了强烈的讽刺效果。同样,三女儿心心看走了眼,误把邻座当成父亲姚先生为他精挑细选的乘龙快婿,并且表现出不同寻常的反抗,姚先生指着她骂道:"你别以为你长得五官端正些,就有权利挑剔人家面长面短!你大姊枉为生得齐整,若不是我替她从中张罗,指不定嫁到什么人家,你二姊就是个榜样。"好一副正人君子的面孔,而他的做派呢,典型的一个视女儿为金钱的葛朗台。

小说的结尾,心心和程惠荪"随他们闹去"不说,又让姚太太再怀胎,又是女孩。旧话重提——一个比一个美,这强调让人战栗,仿佛重重的蘸盐鞭子一记记打在姚先生衰弱的心脏上,真是不将姚先生置于死地不罢手。亲戚们恭贺"八仙祝寿",姚先生已经绝望,觉得活不长了。结尾的调侃,讽刺而悲凉。

姚先生是被女儿气死、拖累死的,更是被张爱玲的一杆笔掐死的。

在小说里多次提到,女儿要听得进去父母的话,所谓"不听老人言,吃亏在眼前",这些条条框框都是祖训,是我们世世代代祖先的灵魂结晶,是需要恪守的。张爱玲在这篇文章里面,就绝妙地讽刺了这些目光短浅、没什么实质意义、可怜又可笑的"中国式传统"。比如大女儿玕玕,就是绝好的上家。这在中国人心目中,真正对了"婚姻"这一题。且这婚姻是父母之命,又对了父母的心思。儿女的婚姻在其次,婚姻首先是要父母满意,中国人才觉得,哦,这才是婚姻。然后张爱玲就这个绝好的婚姻进行了无情的反讽。从玕玕的婚姻中,大家看到这种满足了父母对婚姻理解的正确的婚姻,并不真的就是婚姻本身。

鲁迅曾说:"所谓讽刺作品,大抵倒是写实。非写实决不能成为所谓'讽刺'。非写实的讽刺,即使能有这样的东西,也不过是造谣和诬蔑而已。"张爱玲讽刺小说的力量正来自于她的写实性,她深刻把握人物心灵深处的真实,使其表象与心灵形成鲜明的对比,从而揭露其虚伪的本质,达到"无一贬词,而情伪毕露"的讽刺效果。《琉璃瓦》是张氏作品中比较具有幽默趣味的一篇,幽默俯拾即是,向我们展示了这位女作家惊人的语言才华。故事的进展,人物的外貌、心理活动、对话、动作一应细节,处处闪烁张氏语言中的智慧光芒。

这是一篇跨入语言胜境的美文,是运用幽默扩充语言张力的一道风景。张爱玲的世俗取材极具张力和欣赏性，就在于她文本的丰富性，为读者的理解提供多样化的思维空间。她作品中摹写的表象往往成为引人思索的不朽画卷。

从《琉璃瓦》开始，一个聪明的张爱玲出现了，读者不断被她形象、独特的比喻震撼，为她狡黠的幽默倾倒，被她的婉转突变的迁徙吸引，被她潜藏的宿命寓言击中。人们惊叹文字艺术的华美，体味人心层次的繁复、激动、迷离、紧张、欣喜、大笑，笑完之后却又陷入深深哀思中或暗自流涕。

繁茂风华和落败凄凉——这是《琉璃瓦》的基本特点。然而更进一步，则是生长在传统家庭里的人各自为自己的富贵、幸福而挣扎、斗争，最后是掩不尽的滑稽、荒诞和苍凉。

文章的语言虽鲜活生动，妙趣横生，但其描绘出的一幕幕场景却透露出旧式婚姻的悲凉意味，三桩让人唏嘘不已的婚事折射出旧社会女人任人摆布的无奈与悲剧。

20世纪40年代文学作品所描绘的拜金主义、享乐主义，今天依然长久地徘徊在人们的周围，从而引起人们对张爱玲所提供的文学想象和情感体验产生某种生存状态方面的契合。尤其是张爱玲既世俗而又熔铸着健康的审美趣味，使她能正视人生的一切欲望，在男女婚姻中深蕴着某种悲凉，流露出对人生"惘惘的威胁"的凄楚感受，在幽默中对金钱和权势进行了各种方式的批判，《琉璃瓦》就是其中之一。

注重情节和细节的描写，语言极具张力，在其中充盈着批判眼光，她的笔触沉郁冷清，由一个点折射出整个上海滩乃至整个旧中国的悲凉。她是一个时代的见证者，是旧上海的记录者，她是张爱玲。她曾来过，带着温度。

1943年11月到12月，《金锁记》分两次在《杂志》上发表，《金锁记》是张爱玲小说中成就最高的一部作品。二十九年后，她又将它改为长篇小说《怨女》，由此可见张爱玲本人对它的偏爱。傅雷虽然严厉地批评过张爱玲的小说，但对《金锁记》却是高度的、无保留的赞美。傅雷曾在看完《金锁记》后，说："《金锁记》是张女士截至目前为止的文坛最完满之作，颇有《狂人日记》中某些故事的风味。至少也该列为我们文坛最美的收获之一。"《中国现代小说史》也将《金锁记》定位为"中国从古以来最伟大的中篇小说"，20世纪40年代说它是我们文坛最丰美的收获。美国人夏志清在《中国现代小说史》中给张爱玲的篇幅最多，而在对张爱玲的论述中，给《金锁记》的篇幅又最多。《金锁记》是一篇写女人的小说，写女人的小说何其多啊，但几乎从未见过一个中国作家，能够将女性心理渲染到如此令人战栗的程度，这就是《金锁记》。小说用的是回忆性的调子，沧海桑田，物是人非，千年的月亮静默如初。

> "三十年前的上海，一个有月亮的晚上……我们也许没赶上看见三十
> 年前的月亮。年轻的人想着三十年前的月亮该是铜钱大的一个红黄的湿晕，
> 像朵云轩笺上落了一滴泪珠，陈旧而迷糊。老年人回忆中的三十年前的月
> 亮是欢愉的，比眼前的月亮大，圆，白；然而隔着三十年的辛苦路往回看，
> 再好的月亮也不免带着点凄凉。"

说起张爱玲，有一句评论必不可少：彗星经天惊鸿一瞥的天才女作家。夏志清说她是中国现代小说史里唯一能与鲁迅并列的天才女作家。她真是文学里的另类，在绝代风华的时候承受灿烂夺目的光辉和极度的孤寂，在和胡兰成在一起最柔情蜜意的时候写出《金锁记》那样令人不忍卒读的小说，她生前的喧闹又愈发映照出死时的凄凉，像李碧华说的："张的小说是小说，张本身，也成了小说。"

《金锁记》是她早期的作品，发表时她不过只有二十三岁，但作品已经相当成熟，从取材的视角、思想的深度和表现技巧方面，都有突破，当时及后世的评论家都给予了很高的评价。

《金锁记》是以李鸿章次子李经述的家庭为原型的，这个名字本身就值得玩味。金锁，黄金做的锁，外表光鲜，锁住的却是自由与灵魂。小说描写了一个小商人家庭出身的女子曹七巧的心灵变迁历程。七巧做过残疾人的妻子，欲爱而不能爱，几乎像疯子一样在姜家过了三十年。在财欲与情欲的压迫下，她的性格终于被扭曲，行为变得乖戾，不但破坏儿子的婚姻，致使儿媳被折磨而死，还拆散女儿的爱情。

> "三十年来她戴着黄金的枷。她用那沉重的枷角劈杀了几个人，没死
> 的也送了半条命。"

曹七巧本是一个对感情充满幻想和期待的普通少女，无奈沦为她父亲换取物质的牺牲品。其父，那个麻油店的小老板为了丰厚的彩礼及名门大户亲戚的虚名，毅然将女儿嫁给了患有"骨痨"形同死人的姜二少爷。至此，曹七巧对爱情的期待以

及对婚姻的向往完全破灭。心有不甘，可是在那样父亲如天的年代里，曹七巧的不甘是微不足道的，她只能选择服从。有钱人家是非多，在姜家，攀高枝的曹七巧受尽叔伯妯娌甚至女佣的鄙夷和轻蔑。若说对爱情没有了期待，似乎也不恰当，可是，她的这份期待注定也是无果的。生下一对儿女后，夫妻生活名存实亡。就在她寂寞的当空，三少爷姜季泽走进了她的世界。尽管曹七巧几次三番的挑逗，但是这位喜欢寻花问柳的纨绔子弟对她这个嫂子却严守礼数。不知不觉中，十年过去了，丈夫、婆婆都死了，曹七巧终于迎来了新的生存地位。分家时，虽也受了欺负，但也不至于太坏，终于领着自己的儿女独立门户。可是她的日子并没有因此清净。不久，将自己财产挥霍一空的三少爷找上了门，可是她警惕又生气地赶走了觊觎她财产的三少爷。但是，三少爷走后，她并不开心。"无论如何，她从前爱过他。她的爱给了她无尽的痛苦。单只这一点，就使她值得留恋。多少回了，为了按捺她自己，她进得全身的筋骨和牙根都酸楚了。"可是即便如此，她也知道姜季泽对自己没有真心，她只能压抑自己的情欲，于是她开始变得敏感，拼命地用金钱来填补自身情欲的空缺。就这样，曹七巧带着封建和黄金的枷锁在没有光明与希望的道路上越走越远……

张爱玲在小说中以空前深刻的程度表现了现代社会两性心理的基本意蕴。她在她那创作的年代并无任何前卫的思想，然而却令人震惊地拉开了两性世界温情脉脉的面纱。主人公曾被张爱玲称为她小说世界中唯一的"英雄"，她拥有着"一个疯子的审慎和机智"，为了报复曾经伤害过她的社会，她用最为病态的方式，"她那平扁而尖利的喉咙四面割着人像剃刀片"，随心所欲地施展着淫威。《金锁记》在叙述体貌上还借鉴了旧小说的手法，类似《红楼梦》之类的小说的创作手法，已被张爱玲用来表现她所要表现的华洋杂处的现代都市生活。

曹七巧的一生被多把"金锁"重重锁住。

第一把锁是"地位锁"。在姜公馆中，她的出身是最低的，是"麻油店的活招牌"，不如大奶奶和三奶奶出身公侯之家，因此她处处受到排挤和歧视，这从她房子的地理位置就可见一斑。各房的主子处处压挤她：老太太从没把她当一回事；大奶奶对她动不动就冷嘲热讽；姜家小姐说她"平日还不够讨人嫌的"；新进来的三奶奶一来就看出她在姜家的地位，不愿搭理她。她的哥哥来走亲戚没人招呼，就连丫头也冷笑着说她不配做自己的主子。七巧嫁到姜家一开始就不像其他两位奶奶一样是作为一个妻子嫁给二爷的，而是作为一个冲喜伺候人的姨太太，她从一开始就处在一个尴尬的位置，一个遭人欺凌的位置。她最初嫁入姜家，有借助姜家的地位改变自己身份的考虑，希望借助姜家使自己受人尊重。但事实上，她并未因嫁入姜家而改变受人歧视的现状，始终在出身上受人诟病，这把"身份锁"一直缠着她。后来她把女儿送入新式学堂，并不是为了让她接受新式教育，只是不愿落后于大房三房，这其实也是当年的"身份锁"给她留下的阴影。她因为自己与其他两房太太起点不一样而受歧视，所以在后代教育上她不愿再落后，一定要拼一口气做到和大房三房一样。

第二把是"金钱锁"。从她与她哥哥的对话中可知，当初嫁入姜家或多或少是为了姜家的钱，不然她也不会嫁给一个病夫。她在姜家三房太太中的经济实力是最弱的，贫寒出身使她对金钱有一种热切的追求。丈夫给不了自己爱情，想从小叔处得到安慰又遭到拒绝，姜家各人处处歧视她，就连丫鬟也看不起她。这种缺乏温暖、缺乏关怀的环境更强化了她对金钱的愿望。因为她觉得只有金钱才是最真实的，其他什么都是假的，只有金钱才能给她带来满足感。同时三房的待遇差别使她认为只有有钱时才能不被人欺，而且还能主宰别人命运。在这把黄金锁下，她的心灵开始扭曲，只有在金钱和权力形成的锁中，她才能得到稍许的、短暂的满足感，才能填补她心中的空白。她的人生追求最后只剩下权和钱，忘了曾经憧憬的爱情，忘了自己儿女的人生。她前半生的人生受人掌控，致使她在掌权后有一种控制所有人的强烈欲望。所以她要给儿子安排一个她中意的姨太太，所以当她女儿开始要离开她的掌控去追求幸福时，她不准。自己没有幸福使她容不得别人有幸福，哪怕这人是她的女儿。她的心中有一种报复欲：自己得不到的，别人也休想得到！这种女性后来在金庸的《天龙八部》中也出现过，就是那个陷害乔峰的马夫人康敏。当七巧对自己女儿的追求者若无其事地说自己女儿在楼上吸鸦片时，我感到一阵心寒和悲哀。张爱玲以其女性特有的细腻笔触写出了中国几千年来令人心惊的现状：被人吃的人，后来反过来吃人。这一主题在鲁迅先生的诸多小说，如《狂人日记》、《药》中都有体现。

七巧的一生，前半生她被人锁，后半生她去锁人。我们可以预见，七巧的女儿最后很有可能变成另一个七巧，继续"被锁，锁人"的循环。小说的最后，七巧是反省也好忏悔也罢，已经不重要了，因为金锁造成的伤害已无法挽回。

张爱玲的这篇小说用了许多写作技巧，其中笔者认为最成功的要属侧面描写。

在文章的开始，她并没有正面介绍姜公馆的情况，而是借两个丫鬟的床头夜话将整个家族的人物关系和大致的情况都交代清楚。这倒和《红楼梦》开头借冷子兴之口演说宁、荣二府的兴衰颇有些相似。接下来，她又在两个下人的交谈中将七巧的身世向读者作了交代。再有大奶奶、三奶奶背后的闲言冷语，说明了七巧的为人以及她在姜家低下的地位。

七巧的一生，何其不幸，何其悲凉。因为金钱，她亲手毁了自己的幸福，将自己的一生禁锢。七巧在姜家没有一天是快乐的，反而她当初在麻油铺的时候，也许得到过些许简单的快乐。在姜家，她虽然过着富足的生活，却也是"非人"的生活。她只是金钱的奴隶，一副没有生气的皮囊。然而七巧更可怜的，除了钱，她还能牢牢抓住什么？她想用金钱安定自己的心，却也禁锢了自己的一生。

"明知挣扎无益，便不挣扎了，执着也是徒劳，便舍弃了。这是地道的东方精神：明哲与解脱，可同时是卑怯、懦弱、虚无。"这是傅雷在《论张爱玲的小说》中提到的观点，以此来批评张爱玲某些过于沉溺于"寂寂的死气"中的中篇小说，从而从反面凸显出了唯独在《金锁记》里表现得尤为突出的那种因挣扎而产生的绝望的力量感。其实，曹七巧也未能逃脱所谓的"徒劳"的命运，这和张爱玲其他小说里的主人公没有什么本质不同。唯一的区别就在于，曹七巧卑微的出身和市井底层的生活反而使她的身上带有一种强烈的原始欲望。傅雷更明确了这欲望指的就是"情欲"，那种有些风骚又有些泼辣的对爱与性的渴望。曹七巧的悲剧是从嫁入姜家开始的，这里所谓的"悲剧"，如若用世俗的眼光来分辨，倒不如说是喜剧。七巧在姜家的地位与日俱增，从侧室到正室，一双儿女更是加强了她从姜氏家族中抢夺属于她的财产份额的能力。但低微的出身却让她无法摆脱受歧视的地位，对于物质生活的渴望，抑或说是求生的渴望，与她与生俱来的热烈情欲，形成了一对强大的正反作用力。小说题为"金锁记"，"金"指的是金钱，可理解为物质，所谓金锁，指的就是被物质桎梏住的东西，这东西，就是情欲。

张爱玲永远都喜欢给笔下的女子割开一道伤口，只流血不结痂，汩汩鲜血，是对他人的报复，也是对自己的残忍。明知季泽不是个好人，明知没有结果，依然义无反顾，投身其中，吃了多少苦，只有她自己知道。可是长久的压抑与屈辱换来的荣华不允许自己装糊涂。斥退了季泽，也打破了自己多年编织的梦。苦了太久，鲜血渐渐凝固，最想拥抱的还是有形的物质，而非虚妄的理想，这是人之常情，无可厚非。那些只懂梦幻爱情不知贫贱事哀，只是现今狗血的偶像剧。

张爱玲在小说《金锁记》中塑造了曹七巧这样一个在封建社会压制下性格比较极端的女性形象，向我们展示了一个正常女性在情欲与金钱的双重挤压中，人格渐渐产生畸变的过程，揭示了女性在旧社会尴尬的生存状态以及畸形的情感心理。在这篇小说中曾多次提到了月亮。月亮是凄凉的象征，月亮的变化也折射出了人物内心的变化。开场时的月亮是"那扁扁的下弦月，低一点，低一点，大一点，像赤金的脸盆沉下去……"这预示着一个没落时代的一个没落家族；"模糊的缺月，像石印的图画"，这是七巧女儿长安眼中的月；"影影绰绰的乌云里有个月亮，一搭黑，一搭白，像个戏剧化的狰狞的脸谱"，这是七巧眼中的月；"今天晚上的月亮比哪一天都好，高高的一轮满月，万里无云，像是黑漆漆的天上的一个白太阳"，这是七巧儿媳眼中的月。

"三十年前的月亮早已沉下去，三十年前的人也死了。然而三十年前的故事还没有完——完不了。"

这是结尾的一句话。是啊！在中国的旧社会，并不只有七巧一个人如此。在旧中国家庭"被食、自食、食人"的关系，中国传统文化中代代相袭的"吞食"的残酷，完不了。

她善写月，却不写团圆，那么多可亲的意象在她手里都营造出一种冷冰冰、毫无生气的氛围。华丽精致的文字却堆砌出冰冷的基调，这可能来源于她那置身事外，用无关痛痒的口吻叙事的风格，以及犹如从高处俯瞰世间感情的角度和一笔洞穿人性的勇气。人们也说她俗，这让我有些不理解，因为写缠绵悱恻，因为没有弘扬真善美抨击假恶丑所以俗？这就有点那什么了。张爱玲是聪明人啊，深知自己的长处和不足，所以她只写爱情，其余一切都是这个词的注脚，就像《倾城之恋》里面香港的沦陷只是背景图片的稍微转变，不仅无所谓，而且成全了白流苏。

傅雷给这篇作品的评价相当高。纯正的文学趣味和审美眼光，使他看到了张爱玲的独特贡献。他认为《金锁记》有三个优点："第一是作者的心理分析，并不采用冗长的独白或枯燥繁琐的解剖，她利用暗示，把动作、言语、心理三者打成一片。""第二是作者的节略法的运用……巧妙的转调技巧！""第三是作者的风格。"它是收得住、泼得出的文章！新旧文字的糅合，新旧意识的交错，在本篇里正是恰到好处。仿佛这利落痛快的文字是天造地设的一般。"

张爱玲不仅是一个天才作家，还是一个慧心独具的服装设计师，她用自己对服饰的独到见解，改良了中国的旗袍，引领了时尚的潮流。她的艺术审美眼光非常超前，所以她极其注重笔下人物的穿着打扮。我们能够清楚地看到，她笔下人物的服装饰品非常契合人物的性格，甚至于故事的发展脉络有着千丝万缕的联系。我们通过那些服饰，可以看清一个人，看透一个故事，甚至明晰整部作品所蕴涵的深意。通过服饰，我们也能看清张爱玲心中的女性形象。

以《金锁记》中的曹七巧为例，来探寻一下张爱玲的《金锁记》中的服饰和女人。将曹七巧与白流苏对比可知，她们都是以年轻的身体来换取一个物质上可靠的将来。曹七巧嫁给了软骨病人，戴上了"金锁"，金钱对于她来说是让她安心生活的靠山，但更是将她身心禁锢、不得自由的枷锁，她本来年轻的、富于情感的心逐渐枯萎，变成了一片荒地，一口枯井，一个怎么填也填不满的沟壑。她"永远不能填满心里的饥荒"，那黄金枷锁不仅封锁了自己，还用那"沉重的枷角劈杀了几个人，没死的也送上了半条命"。正如傅雷先生评价《金锁记》时所说的："情欲的作用，很少像在这件作品里面那么重要。爱情在一个人身上不得满足，便需要三四个人的幸福与生命来抵债。"其实这样的评价是再适合曹七巧不过的了。

曹七巧第一次出现在读者眼前时，是这样的装扮："（曹七巧）一只手撑着门，一只手撑了腰，窄窄的袖口里里垂下一条雪青洋绉手帕，身上穿着银红衫子，葱白线香滚，雪青闪蓝如意小脚裤子，瘦骨脸儿，朱口细牙，三角眼，小山眉……"

曹七巧是一个很喜欢打扮且善于打扮自己的人，她看见家中女眷脸上"擦的猴子屁股似的"，"她猜北边规矩"，觉得"乡气"。七巧衣衫上的"线香滚"也是当年时髦的滚边方法，在衣服的边缘窄窄的滚上一条边，取代了早年曾经大为流行的"大镶大滚"。服饰的颜色有银红、葱白、雪青、闪蓝，色彩的精心搭配既明朗又富于层次感，衣衫的主体颜色银红透出年轻女性心底的温情来。曹七巧刚嫁到姜家几年，有了两个孩子，软骨病的丈夫使她对婚姻极度失望。然而，越是感情匮乏，就越是需要情感的温暖。她爱上了自己的小叔子姜季泽，认为"命中注定她要和姜季泽相爱"，只要看见他，就总是不由自主要接近他，但季泽"抱定了宗旨不惹自己家里的人"，对她若即若离，结果使得曹七巧对季泽厌恶。此时的七巧是情感上的匮乏者，她的痛苦是想爱而不能爱，同时她又是情欲的奴隶，她的内心空虚而焦急，需要很多很多的爱来填满。

第五章

乱世结缘倾城之恋
1944—1946

　　张爱玲在文坛上崛起于 1942 年，仅仅一两年的光景，就以她无可比肩的才情与气度征服了在浮世中无以聊生的中国人，尤其是被隔绝于一方天地的上海人。到 1943 年，张爱玲一生中大部分最优秀的作品均告完成，发表在《天地》《万象》《杂志》等性质不同却同样知名的刊物上，其中有关于她自己的《倾城之恋》与《封锁》。至此，8 岁以前就已期盼的"比林语堂还出风头"的日子终于降临。她的"衣不惊人死不休"的时装照被用作上海滩最洋派最知名刊物的封面，大街小巷的书店、书摊上闪耀着她那普通的名字，从华丽的客厅、粗陋的弄堂到平常人家纳凉的天台上，许许多多不相识的人在谈论着她的作品及她本人。童年时代悠长而混沌的日子，少女时代破碎而拘谨的心境，开始慢慢拨云见日。女人一生中最放恣蓬勃的生命之花在张爱玲心中慢慢绽开。时代虽然在大破坏中，也自有它的大更新。新鲜的生命与情感照生不误，而且来得更迅捷，更热烈。等待这位年轻而有才情的世家小姐的，也将是一场由乱世促成的倾城之恋。在封锁中，有太多捉摸不定的情感与仓促的生命，抓得住的只有现在……现在……不奢谈永世。"如果不碰到封锁，电车是永远不会停的。封锁了。摇铃了。'叮铃铃铃铃铃'，每一个'铃'字是冷冷的一点，一点一点连成了一条虚线，切断了时间与空间。"

1943年、1944年，张爱玲创作到达极盛期。她像一匹马力十足的写作机器，几乎月月有小说刊出。战时上海的杂志多是短命的，所幸的是张爱玲的声名和作品长存下来了。短短两年时间，张爱玲著述丰富，作品畅销，红极一时。她是作家聚谈会上的座上客，专门讨论其创作的座谈会接连召开，记者的访问记相继发表，评论文章也陆续出现。出名欲旺盛的张爱玲真的出名了。

而在这时，她也邂逅了她的第一段爱情。

张爱玲与胡兰成，一个是当时上海最负盛名的女作家，一个是汪伪政府的要员。在乱世之中，他们的相识、相知、相恋，及至最后的分手，都堪称是一场"传奇"。

1944年初春的一天，南京的一座庭院的草坪上，有一个躺在藤椅上翻读杂志的中年男人。当他看到一篇小说时，才刚读了个开头，就不由得坐直了身子，细细地读了一遍又一遍。这个男人就是胡兰成，他读的小说就是张爱玲的《封锁》。

胡兰成是浙江嵊县人，生于1906年。从小家贫，吃过很多苦。他原有个发妻玉凤，在玉凤过世时，胡兰成想要借贷葬妻，却四处碰壁。对此，胡兰成后来回忆说："我对于怎样天崩地裂的灾难，与人世的割恩难爱，要我流一滴眼泪，总也不能了。我幼年时的啼哭，都已还给了母亲，成年的号泣，都已还给了玉凤，此心已回到了如天地之仁！"就是这个生活在社会底层只身闯世界的文人，在挣扎中淡漠了自己的人格、尊严、价值观。所以汪精卫在为组织伪政府而四处拉拢人才时，看上了胡兰成。而胡兰成也不顾是非黑白，一口应允，成了民族的罪人。

此时的胡兰成，已在汪伪政府中任职，正在南京养病。当他收到苏青寄来的杂志《天地》第十一期，读到《封锁》的时候，喜不自胜。文人与文人之间的那种惺惺相惜，使他对作者张爱玲充满了好奇。于是他立即写了一封信给苏青，对张爱玲的小说大加赞许，并表示极愿与作者相识。苏青回信说，作者是位女性，才分颇高。这更是让胡兰成对张爱玲念念不忘。不久，他又收到了苏青寄来的《天地》第十二期，上面不仅有张爱玲的文章，还有她的照片。他越发想结识张爱玲了。胡兰成回到上海之后就去找苏青，要以一个热心读者的身份去拜见张爱玲。苏青婉言谢绝了，因为张爱玲从不轻易见人。但胡兰成执意要见，并向苏青索要地址。苏青迟疑了一下才写给他——静安寺路赫德路口192号公寓6楼65室，胡兰成如获至宝。虽然此时，他是个有妻室的人，而且，是他的第二次婚姻。

胡兰成第二天就兴冲冲地去了张爱玲家，她住的赫德路与他所在的大西路美丽园本来就隔得不远。可张爱玲果真不见生客。胡兰成却不死心，从门缝里递进去一张字条，写了自己的拜访原因及家庭住址、电话号码，并乞求张爱玲方便的时候可以见一面。第二天，张爱玲打了电话给胡兰成，说要去看他，不久就到了。张爱玲拒绝他的到访，又自己亲自去见他，主意变得好快。其实早前，胡兰成因开罪汪精卫而被关押，张爱玲曾经陪苏青去周佛海家说过情。因此，她是知道他的。于是，就这样见面了。

真正见了面，胡兰成只说与他所想的全不对。他一是诧异张爱玲个子之高，二是觉得她坐在那里，一副幼稚可怜相，不像个作家，倒像个未成熟的女学生。但他两人一谈就是五个小时。从品评时下流行作品，到问起张爱玲每月写稿的收入。对一个初次见面的小姐问这样的问题，实在是失礼的，但"因为相知，所以懂得"，两人已有了知交之感，所以张爱玲倒未觉得胡兰成的话很唐突。胡兰成送张爱玲到弄堂口，并肩走着，他忽然说："你的身材这样高，这怎么可以？"只这一句话，就忽地把两人的距离拉近了。"这怎么可以"的潜台词是从两个人般配与否的角度说的，前提是已经把两人作为男女朋友放在一起看待了。张爱玲很诧异，几乎要起反感了，但心底又觉得真的非常好。

次日，胡兰成回访张爱玲。她房里竟是华贵到使他不安，胡兰成形容说，三国时刘备进孙夫人的房间，就有这样的兵气。那天，张爱玲穿了一件宝蓝绸袄裤，戴了嫩黄边框的眼镜。多年后，胡兰成对这些细节都有着清晰的回忆。此后，他每天都去看张爱玲。一天，他向张爱玲提起刊登在《天地》上的照片，张爱玲便取出来送给他，还在后面题上几句话：见了他，她变得很低很低，低到尘埃里。但她心里是欢喜的，从尘埃里开出花来。

这一年，胡兰成三十八岁，张爱玲二十四岁。但很快，他们恋爱了。他们谈情说爱的方式似乎是他们最初相识的延续。胡兰成在南京办公，一个月回一次上海，一住八九天。每次回上海，他不回美丽园自己的家，而是径直赶到赫德路，先去看张爱玲。两人每天在一起，喁喁私语无尽时。但当时世人并不了解他们之间的感情，只觉得胡兰成的身份是汉奸，又有妻室，年纪大到几乎可以做张爱玲的父亲。世人都觉得这样的爱情发生得似乎有些不可思议，都是为张爱玲惋惜的，她却不觉得。

　　胡兰成是懂张爱玲的，懂她贵族家庭背景下的高贵优雅，也懂她因为童年的不幸而生成的及时行乐的思想。仅仅这一个"懂得"，也许就是张爱玲爱上胡兰成的最大原因。其实细细分析来，张爱玲本身就不是一个世俗之人，她不以尘世的价值观去品评一个人。她没有什么政治观念，只是把胡兰成当做一个懂她的男人，而不是汪伪政府的汉奸；对于胡兰成的妻室，她也不在乎，因她似乎并不想天长地久的事。她在一封信中对胡兰成说："我想过，你将来就是在我这里来来去去亦可以。"也许她只在乎胡兰成当下对她的爱，其他的，她都不愿多想。

　　胡兰成的年龄比她大出很多，但这也许成了她爱他的原因。张爱玲从小缺乏父爱，便容易对大龄男性产生特别的感情，所以，年龄问题也不是障碍。于是，她倾尽自己的全部去爱他了，就这样在世人诧异的眼光中相爱了，爱得那样的超凡脱俗。

　　1944 年 8 月，胡兰成的第二任妻子提出与他离婚。这给了张爱玲与胡兰成的爱情一个升华的机会——结婚。他们就这样结婚了，没有走法律程序，只以一纸婚书为凭。因为胡兰成怕日后时局变动，自己的身份会拖累张爱玲。没有任何仪式，只有张爱玲的好友炎樱为证。"胡兰成与张爱玲签订终身，结为夫妇。愿使岁月静好，现世安稳。"前两句是出自张爱玲之手，后两句由胡兰成所撰。就这样，他们二人的感情有了一个踏实安稳的关系——夫妻。

　　这一段时间，也是张爱玲创作生涯中的黄金时间。胡兰成对她的写作是有帮助的，两人会一起讨论一些文学话题。而张爱玲的散文《爱》在开头就说，这是一个真的故事。的确是真的故事，是胡兰成庶母的故事。也许他给她的创作提供了灵感吧。但，这样的时间，并不长。

　　时间已经接近了 1944 年年底，时局明显地在变动。日军在中国的势力已经江河日下。而胡兰成作为汪伪政府的官员，也有了危机感。有一天傍晚，两人在张爱玲家的阳台上看上海的暮色。胡兰成对她说了当下的时局，恐自己将来有难。张爱玲虽对政治不敏感，但此刻，她知道，这个国，这一次是真真关系到她的家了。汉乐府中有"来日大难，口燥唇干，今日相乐，皆当喜欢"的句子。而张爱玲此刻是真切地体会到了这句诗的含义。胡兰成说："将来日本战败，我大概还是能逃脱这一劫的，就是开始一两年恐怕要隐姓埋名躲藏起来，我们不好再在一起的。"张爱玲笑道："那时你变姓名，可叫张牵，或叫张招，天涯地角有我在牵你招你。"

　　就是这样真实的期盼！但两人果真是要分别了！1944 年 11 月，胡兰成到湖北接编《大楚报》，开始了与张爱玲的长期分离。那是一个时常有警报和空袭的时期。有一天，胡兰成在路上遇到了轰炸，人群一片慌乱，他跪倒在铁轨上，以为自己快要炸死了，绝望中，他只喊出两个字：爱玲！这个时候，他还是全心爱着张爱玲的吧。

但胡兰成终究是个毫无责任感的人，来武汉不久，他便与汉阳医院一个十七岁的护士周训德打得火热。他不向小周隐瞒张爱玲的存在，但又向她表明要娶她——只有做妾了。但小周的生母是妾，她的反应是，不能娘是妾，女儿也是妾。于是胡兰成又进行了一次婚礼，似乎全然忘了张爱玲的存在。而张爱玲对此一无所知。她给他写信，还向他诉说她生活中的一切琐碎的小事。她竟还是那样投入地爱他。

1945 年 3 月，胡兰成从武汉回到上海。在张爱玲处住了一个多月。此时，他才将小周的事情告诉了张爱玲。她是震惊的，因为她对胡兰成的爱看作是那样坚贞、不可动摇的，但又怎么会冒出来一个小周？此时，张爱玲的心已被刺伤了，但她仍是爱他的。于是她只有默默承受。两个人在一起，胡兰成倒是再也不提小周了。也许他就是这样一个只看见眼前的人。

可惜，5 月，胡兰成又回到了武汉。一见到小周，就有回家的感觉——他又忘了张爱玲了。

时局大乱，1945 年 8 月 15 日，日本投降，胡兰成的末日也来了，重庆方面定会惩办他这样的汉奸。于是他逃到了浙江，化名张嘉仪，称自己是张爱玲祖父张佩纶的后人——果是姓张，只是不叫张牵或是张招，住在诸暨斯家。斯家的儿子斯颂德是胡兰成的高中同窗，胡兰成年轻的时候就曾在斯家客居一年。斯家的男主人已逝，是斯家主母维持生计。斯颂德家还有个庶母，名叫范秀美，大胡兰成两岁，曾经与斯家老爷生有一女。在这样的乱世中，斯家人安排胡兰成去温州范秀美的娘家避难，由范秀美相送。只这一路，胡兰成就又勾引上了范秀美。未到温州，两人便已做成夫妻，对范家人以及邻居也以夫妻相称。刚离开张爱玲、周训德的胡兰成，此刻又与范秀美在一起，可见他的滥情！然而，已有半年未曾见面的张爱玲，竟一路寻着来到了温州。这两个女人与一个男人的三角关系，无论如何都令人尴尬，因为怕范秀美的邻居对三人的关系有所猜忌，他们三人都是在旅馆见面的。一个清晨，胡兰成与张爱玲在旅馆说着话，隐隐腹痛，他却忍着。等到范秀美来了，他一见她就说不舒服，范秀美坐在房门边的一把椅子上，见状问他痛得如何，说等一会儿泡杯午时茶就会好的。张爱玲当下就很惆怅，因为她分明觉得范秀美是胡兰成的亲人，而她自己，倒像个"第三者"或是客人。还有一次，张爱玲夸范秀美长得漂亮，要给她作画像。这本是张爱玲的拿手戏，范秀美也端坐着让她画，胡兰成在一边看。可刚勾出脸庞，画出眉眼鼻子，张爱玲忽然就停笔不画了，说什么也不画了，只是一脸凄然。范秀美走后，胡兰成一再追问，张爱玲才说："我画着画着，只觉得她的眉神情，她的嘴，越来越像你，心里好不震动，一阵难受就再也画不下去了。"这就是世人所说的"夫妻相"吧。张爱玲真的是委屈的，她的心里只有这一个男人，而这个男人的心里却装着几个女人，叫她怎么能不感伤？

离开温州的时候，胡兰成送她，天下着雨，真是天公应离情。她叹口气道："你到底是不肯。我想过，我倘使不得不离开你，亦不致寻短见，亦不能够再爱别人，我将只是萎谢了。"这场雨，也冲淡了他们曾经的"倾城之恋"。张爱玲已经知道，她这一生最美的爱情，已经走到了辛酸的尽头，再没有挽回的余地了。

此后八九个月的时间里，两人偶有通讯。张爱玲也会用自己的稿费接济胡兰成，只因怕他在流亡中受苦。

有一次，胡兰成有机会途径上海，在危险之中，他在张爱玲处住了一夜。他不但不忏悔自己的滥情，反倒指责张爱玲对一些生活细节处理不当。还问她对自己写小周的那篇《武汉记》印象如何，又提起自己与范秀美的事，张爱玲十分冷淡。当夜，两人分室而居。第二天清晨，胡兰成去张爱玲的床前道别，俯身吻她，她伸出双手紧抱着他，泪水涟涟，哽咽中只叫了一句"兰成"，就再也说不出话来。这就是两人最后一次见面。

几个月后，1947 年 6 月，胡兰成收到了张爱玲的诀别信："我已经不喜欢你了，你是早已经不喜欢我的了。这次的决心，我是经过一年半的长时间考虑的。彼时惟以小吉故，不欲增加你的困难。你不要来寻我，即或写信来，我亦是不看的了。"

小吉就是小劫的意思。此时的胡兰成已经脱离了险境，在一所中学教书，有了较安稳的工作。张爱玲选择他一切都安定的时候，写来了诀别信，随信还附上了自己的 30 万元稿费。自此以后，这二人一场传奇之恋，就这样辛酸地谢幕了。胡兰成曾写信给张爱玲的好友炎樱，试图挽回这段感情，但张爱玲没有理他，炎樱也没有理他。这段感情，真的是谢幕了。张爱玲曾对胡兰成说："我将只是萎谢了。"萎谢的不仅仅是爱情吧，还有文采，此后张爱玲的创作也进入了低谷。

1944 年，张爱玲发表了长篇小说《连环套》，自 1 月起在《万象》月刊登载，六期后即中止，其中具体发生了什么我们是未知的。

《连环套》，讲述的是一个女子一生相继在一群男子身边周旋的故事。她自小被人贩子带大，后被卖给第一个丈夫，一个印度商人。她聪明精干，为了自己的生存不断与一个又一个的男人结婚，钻进一个又一个的连环的套子里。她从没有自由，没有幸福，唯一一点点对爱情的期待也被狠狠地辜负，她将自己的青春全葬送在了一个又一个男人身上，每每有了一点暖意，却很快发现被欺骗，辜负，背叛……唯一幸运的是，她始终能有巨大的勇气去闯去赌，带着她那极致的美貌企图征服一个又一个的男人……最后，当第一任丈夫的弟弟提出要娶她的女儿时，她终于老了，心老了，心底的一生，也终结了。

霓喜一生之中有三位丈夫，之所以称雅赫雅、窦尧芳及汤姆生这三个男人是霓喜的丈夫，是因为她要依靠这三人的金钱来养活自己，可在法律上霓喜和他们却不是夫妻关系，因为她自始至终都没有和其中的任何一个男人结婚。霓喜与这三个男人之间是没有爱的，他们之间就是一种交易。霓喜曾想靠婚姻来稳定自己的生活，想靠婚姻来获得稳定的男女关系，以避免自己下次又被交易，但她却次次失败，她身处社会底层，被人瞧不起。有几个男人愿意同在他们眼中是"下人"的女人结婚呢？霓喜没有得到过爱，她选择了用身体与美貌来获得物质、精神以及肉体的满足。看似她别无选择，却实实在在让我感到这是霓喜最可悲的地方，最后当她发现她的身体与美貌对男人再无吸引力时，她的内心也只能被这残酷的现实击垮，沉迷于悔恨的痛苦之中。

《连环套》自1944年1月起在《万象》月刊登载，共六期即中止，即所谓"腰斩"。是否因为傅雷在《评张爱玲的小说》一文中对其予以严厉批评，抑或其他原因，不得而知，是一悬案。傅雷就批评《连环套》滥用旧小说陈腐套语，"在用语上无法积极的标识出来，刊布了四期，还没有中心思想显露"。张爱玲虽在《自己的文章》一文中回答了傅文的批评，为《连环套》辩护，但她自己也确实未"高看"它。诚然，《连环套》的艺术价值和成就不能和《金锁记》同日而语，但如若将阅读语境进行置换和调整，我们也能从中发现一些新的意味。

这个故事的特点在于它描写了香港独特的殖民地社会。在这片土地上，在这个特殊的时期，各有不同文化、不同阶级的人在霓喜的生活里出现。以印度人为代表的外来商人，以广东人的为主的底层人士和以英国人为主的殖民地官员，都给这篇小说带来了些许异域风情。

霓喜是《连环套》的主人公，她作为一个始终没有独立的女性、一个在殖民地中被"殖民"生活的女性，陷入了生活、生存的"连环套"。对于《连环套》中霓喜这个人物，开始我是很同情的。她没有自由，像一件工具一样被人买卖，看到中间的时候却也觉得她可恨，到最后却又觉得可悲可叹，心中掺杂着各种味道，说不出是什么滋味。

霓喜出身卑微，来自偏僻的乡下，她好不容易脱离贫穷落后的家乡，所以拼命地不想被送回原来的世界。这也是她想方设法在香港落足，摆脱阶级隔膜、种族差异求得生存的动力之一。

从某种意义上说，霓喜算是幸运的，她没有被人贩子卖到青楼，而是被卖给了一个印度商人雅赫雅，不然霓喜的命运可能比故事里面的结局要悲惨千百倍。小说中雅赫雅与人贩子交易的场景让我印象深刻，他们二人像是买卖商品一样讨价还价，在他们的眼中，霓喜只是一件货物，完全没有把霓喜当做人看。在交易的过程中，霓喜完全不能有自己的想法，说自己想说的话，从中也可以看到她内心的麻木，让人不寒而栗。

她试图通过合法结婚获得稳固地位，但因为她的出身、为人及时局等因素，一直未能如愿。小说中有三个地方写到霓喜害怕回到乡下生活：第一处是雅赫雅宣布霓喜被赶出家门时，霓喜收拾行李翻出从乡下带来的布包，她突然想起乡下的一丝温暖与难忘的黑暗、贫穷。第二处是窦尧芳去世后，霓喜宣称自己要扶棺柩回乡下，恍惚一下，发现自己是抵触回到出身地的，于是逃难似的离开了窦家。第三处是霓喜正和修女们在元朗野餐时，知道了汤姆生在英国娶妻的消息，一下子"衣锦荣归"的骄傲感没有了，发现自己和围着自己野餐的乡下人如出一辙，她感到了一种可怖的亲切感。她努力地做出逃离出身地的行为，即便是卑微地靠着一个又一个男人过活。

霓喜"生平的一件得意事"竟然是买自己的人一眼便相中了她。作为人的价值变成了他人挑三拣四、讨价还价后的一件"商品"的价值后，自己竟然还认为是生平的得意事，女性的人格在这里完全是被漠视的。更可悲的是，霓喜还反而以此为荣，女性的弱势地位在千百年来好像成为了社会真理，已经融进人们，特别是女性自己的灵魂和血液中了。因此霓喜知道，"做人做了个女人，就得做个规矩的女人"，"一日为夫，终身是主"，这些都是传统落后的男权思想在她身上的烙印。

　　但是霓喜并没有做到她所熟知的传统社会对女性的要求，她是一个不规矩、不安分的女人。在雅赫雅那里时，她还只是在外与他人打情骂俏。等到了窦尧芳那里，则是明目张胆地与店里的伙计厮混在一起，最后落得一个被窦尧芳正室扫地出门的下场。在英国人汤姆生那里，霓喜倒是没惹出什么花边新闻，但这也主要因为她年纪已大，而且她在汤姆生面前完全没有什么地位。

　　霓喜"不大喜欢提起她幼年的遭际"。从言谈中可以得知她原籍是广东一个偏僻的村镇，年幼时过的是挨饿的日子。她曾谎称自己小时候吃了珍珠粉，"然而根据她自己的叙述，她的童年时代是极其艰苦的，似乎自相矛盾。赛姆生太太的话原是靠不住的居多，可是她信口编的谎距离事实太远了，说不定远兜远转，话又说回来了的时候，偶尔也会迎头撞上了"。这说明她的童年生活很悲苦的，她不想回忆，她想永远忘记那段痛苦的日子，甚至给自己编造一些没有经历过的虚假的记忆。在雅赫雅家，霓喜"什么粗活儿都是一把儿抓，把个老婆弄得黑眉乌嘴上灶丫头似的"，她"逢人就说：我是'他一百二十块钱买来的'——惟恐人家不知道"，只是为了彰显自己那一点可怜可悲的个人价值。她与雅赫雅"两个人之间没有一点同情与了解"。她可能从来都没有过精神上的爱情，当然她也没有婚姻，她知道"如今他没有别人，尚且不肯要我，等他有了人了，他家还有我站脚的地方么？"没有爱情没有婚姻的霓喜，在"十八岁上为雅赫雅生了个儿子，取了个英国名字，叫做吉美。添了孩子之后，行动比较自由了些"，自由的行动是生育的报偿。

　　一句"我们老板自从那一次看见了你"，就让她又和另一个男人生了几个孩子。但结果，就像她自己说的"谁都恨我，恨不得拿长锅煮吃了我，我都知道了！"窦尧芳死后，文中说"她要报复，她要报复"。但她并不是真的要报复谁，而是无论用何种手段都无法把这个对她宽荣、有恩惠的"亲人"带回她身边了。然而老头子骗了她，年轻的男人也骗了她，她没有钱，也没有爱，只是一个贫困的中国寡妇，拖着四个孩子。她的人生最终依然没有下处，只得"在人家宅子里租了一间大房住着"。

　　在《连环套》中"黑色"的意象反复出现。闹市中"来往的都是些短打的黑衣人"，"穷人是黑色的"，"广东的穷人终年穿黑的，抑郁的黑土布，黑拷绸"，"霓喜一辈子恨黑色，对于黑色有一种忌讳，因为它代表贫穷与磨折"。黑色不但代表贫穷，也是霓喜的悲哀和不幸的象征。"梅腊妮白帽黑裙，挽着黑布手提袋，夹着大号黑洋伞"路过回春堂撞见了霓喜和崔玉铭，报信于雅赫雅，才致使霓喜被逐。然而"她年纪已经过了三十，渐渐发胖了，在黑纱衫里闪烁着老粗的金链条"，年老色衰后，黑色成为了霓喜的衣着主色调，也昭示了她的人生。

作为女人，母性作为天性，是不可泯灭的。"裸体的胖孩子的照片到处都是——她的儿女，她的孙子与外孙"，"孩子笑了，她也笑了"，被雅赫雅逐走时，霓喜说"我穷死了也还不至于卖孩子"。因为她怕"我这孩子长大了也不知认我做娘不认"。老了后，她还得每月打点，给集中营中的儿女们送罐头，她坎坷的一生就这样继续下去了。

霓喜在时间的荒野里迷了路。小孩不懂得她的心，她根本也没有心。霓喜是迷惘的，她找不到自己的出路，找不到救赎的路口，也注定她的一生是荒唐悲剧的。霓喜的悲哀，简而言之，是有两个方面的原因造成的，一方面是社会，另一方面是霓喜个人的性格。时代是造就女性不幸的主要原因，霓喜是那个时代的不幸女人的缩影。此外，霓喜年轻貌美，有很多垂涎她的男人。但是，她同样有一些低俗的恶习：脾气暴躁、贪图财物、刻薄、刁泼、虚荣、轻浮……她只能从这些男人的身上得到有限的物质，而其附赠品是五个孩子。

在《连环套》的结尾，以发利斯的求婚为结束，她失笑到："发利斯比我小呢！年纪上头也不对。"却蓦然发现，发利斯要娶的是她的女儿——瑟梨塔，而不是自己！她才意识到自己已经没有了与男人"谈判"的筹码，自己已经老了！这个结局是滑稽的、悲哀的、必然的。

几十年后，栖身美国的张爱玲重新读了《连环套》，不得不衷心佩服傅雷激烈而中肯的意见了。"《幼狮文艺》寄《连环套》清样来让我自己校一次，三十年不见，尽管自以为坏，也没想到这样恶劣，通篇胡扯，不禁骇笑。一路看下去，不由得一直呲牙咧嘴做鬼脸，皱着眉咬着牙笑，从齿缝里迸出一声拖长的"Eeeeee!"连牙齿都寒嗖嗖起来，这才尝到'齿冷'的滋味……这些年没写出更多的《连环套》，始终自视为消极的成绩。"

《连环套》没有结束，但我们似乎已经看透了霓喜孤单而寂寞的晚年。同年2月，张爱玲发表小说《年青的时候》，刊登于《杂志》第十二卷五期。

《年青的时候》讲述的是一个男孩儿，从他的角度看这个世界，看他的父亲、母亲、姐妹、兄弟，但他都看不惯他们的行为方式。他经常勾画一个女子的侧面，勾的满书都是，这完全是他的想像。但是突然有一天，这么一个女人出现在他面前了，一个德国的漂亮女子。之后她教他德文，他教她中文，但他不爱她，只是想恋爱而去恋爱，他没真正的爱上她，只是看她，以他的角度欣赏她。后来那女子嫁给了跟她同是外国人的男子，男孩子就再也不画女孩子的轮廓了。他恨家里人，恨全世界的人，唯不恨那女子。

在这篇文章中，张爱玲运用精神分析学说中白日梦的相关理论，将白日梦中的精神分析与细腻的心理刻画有机融合在一起。弗洛伊德说过："白日梦使每个幻想包含着一个愿望的实现，并且使令人不满意的现实好转。"潘汝良偶然结识了沁西亚，在第二次见面时便发现她相当懒散邋遢，但他单拣她身上有诗意的部分去注意，去回味，"他并不愿意懂得她"，因为他知道"懂得她之后，他的梦就做不成了"。甚至幻想向她求婚，并为此与家庭抗争。最后当沁西亚嫁给一个没有出息的酒徒之后，他不再做梦了。张爱玲通过对人物白日梦的描写，揭示人越是想用美丽的幻想来抵消现实，现实越要捉弄他，这样一种人生悲剧或者人生困境。

民国时期的大上海就像一个喜好嬉戏的姑娘，披红挂绿招摇过市。夜市之歌《上海滩》彼时也刚刚传唱在各个杂乱的街头。有那么一个才华横溢的女孩子，站在人生的顶峰，侧着身子，以冷漠的眼光窥着人间世事的冷暖。父亲和母亲离婚之后，张爱玲弟弟在父亲和继母的监管之下继续成长，直到她最后的离家出走。不幸的童年让她那么清楚地感受到这悲哀、痛苦、残酷的人生，更让她有了一种及时行乐的人生态度。于是她悠悠地吐出一句："生命是一袭华美的袍，爬满了蚤子。"既然生命成了一张千疮百孔的袍子，那么今后她的使命就是要将这袍子抖给世人看，而事实上张爱玲的人生亦是如此，包括她的爱情。张爱玲的小说《年青的时候》就隐隐透露出她对爱情的认识。

《年青的时候》作于1944年2月，与当时就受到好评的《金锁记》和后来引起人们重视的《倾城之恋》的写作时间不相上下，不仅有着独特的艺术个性，而且文质兼优，可以说是现代文学史上一篇不可多得的短篇佳作。

小说写了一个年青人的情感故事。主角潘汝良是一个讲究生活质量、积极向上的男孩子，他正处于青春期，渴望爱情，还渴望美好的生活。但他的条件似乎不太允许，他有种生活在夹缝里一般的感觉，有点迷茫和懊恼。潘汝良在学习之余一遍又一遍地刻画一个女孩子的侧脸，虽然他不知道她画的是谁。也许，只是青春年少那颗寂寞难耐的心的回应，亦或是闲暇无聊时候的信手涂鸦。但事实上他就是喜欢这样一个女孩子,结果他真遇到了年轻美丽的外国姑娘沁西亚——美丽、讲究、有文化、有工作、氧气一样的女人,简直如前世注定一样的出现在他的面前,并拥有让他心灵悸动的力量。潘汝良遇上沁西亚的时候,他自己也吓了一跳,某个角度的沁西亚和潘汝良画了无数次的侧脸一模一样。这时候潘汝良除了惊恐更多的应该是心动吧,有一种电流经过心脏的暂时麻痹的感觉,这便是在心中有意无意种下的影子找到了现实中的契合。之后她教他德文,他教她中文,他开始的生活简直就要把这个女人看作是后来的妻子一样,但他不爱她,只是为了想恋爱而去恋爱,他没有真正的爱上她,只是看她,以他的角度去欣赏,去欣赏她身上有诗意的地方。

但是,潘汝良遇见他的爱情几乎是在误会的情况下。沁西亚,这个美丽的德国女孩,无意中看到潘汝良书上画的侧脸,敏感的女孩以为这类似于国外女孩的侧脸便是她。只是这侧脸实在是像,毕竟连潘汝良都觉得找到了幻想中的对应了。在潘汝良眼中,沁西亚是可爱的,潘汝良认为有着这样侧脸的女孩子是可爱的,因为在他的幻想中,这是可爱的象征。但随着潘汝良和沁西亚的进一步接触,现实和梦境的差异就越来越明显。

"他不喜欢这种邋遢脾气,可是他竭力使自己熟视无睹。他单捡她身上较诗意的部分去注意,去回味。他知道爱上的不是沁西亚,他是为恋爱而恋爱。"

"他不愿意懂得她,因为懂得她之后,他的梦做不成了。"

潘汝良是让人同情的,他在现实中找不到可以倾诉的对象,他的喜好,他的梦想,在家中是不被理解的,家里人都还是"旧人",固守着原来的稳定的生活不愿改变。他遇见沁西亚,也邂逅了爱情,但潘汝良的幻想情结太严重,一味地把沁西亚与他心中完美女孩联系起来,这种硬生生牵扯起来的联系,最终只能让他的幻想破裂得愈发严重。如果他愿意去了解沁西亚真正的想法和人格,试着去接近去包容,如果最后有缘,那么就在一起;如果发现依旧不能牵手,那么至少是好聚好散,心中的遗憾便少些。而沁西亚最后和一个俄国人结婚了。

虽然潘汝良和沁西亚最后没有在一起,但潘汝良在结识了沁西亚后,终于明白,爱与温暖并不只存在于自己的幻想中。从此以后他不用再画小人了,因为梦中的人,可能就在自己的身边。沁西亚虽没从潘汝良身上得到爱情,但她却用自己的善良、乐观和爱,融化了潘汝良内心冷漠的坚冰,让他明白生活虽有无奈与丑陋,但也充满着希望。只要心中有爱,就不会被爱抛弃。从此以后潘汝良变了,变得不再冷漠。

潘汝良的自由生活在自己的潜意识之中就要开始了。而沁西亚的婚姻似乎并不美满,她死了。

其实在现实生活中,我们每个人都可能不经意地走入"为恋爱而恋爱"的迷雾中。我们只关心对方的优点,故意忽略和逃避那些显而易见的缺点。这并不是爱情的包容,我们只是要恋爱,这场美丽的梦能够持续得越久越好。

张爱玲在谈及自己的创作理念时曾经这样说:"文学史上素朴地歌咏人生的安稳的作品很少,倒是强调人生的飞扬的作品很多,但好的作品,还是在于它是以人生的安稳做底子来描写人生的飞扬的。没有这底子,飞扬只能是浮沫。许多强有力的作品只予人以兴奋,不能予人以启示,就是失败在不知道把握这底子。"我理解,这里所说的安稳的底子,当是指人生固有的、本质的、深层且具有普遍性的东西,或者说是人性的表征。

潘汝良是一个有觉悟的青年。他的觉悟并不在于他身上的时代色彩,而是一种对更宽泛更具普遍意义的人生价值的追求和憧憬。他清高、浪漫,喜欢"洁净可爱的一切",看不惯现实生活的刻板和庸俗,对人生充满了梦幻般的理想。然而他的理想的外壳又那么薄脆,刚刚接触到现实世界便破碎了,甚至消失得无影无踪。"汝良从此不在书头上画小人了。他的书现在总是很干净。"这平淡的话语,实则充满了悲凉、辛酸。在潘汝良的想象中,沁西亚该是高雅到不食人间烟火的,然而现实中的沁西亚一边和他说话一边用手帕在刚刚吃过面包的嘴角揩抹,还脱掉脚上的高跟鞋图舒服,甚至拿摊开的书做点心碟子,而且毫不在意地将撒了点心屑的书就那么合起来。毁掉潘汝良对沁西亚的爱、导致潘汝良的理想破灭的不是封建势力,也不是其他的外在因素,而是理想和现实之间的差距。这永恒的差距使他的内心产生了深深的失望。"他知道他爱的不是沁西亚,他是为恋爱而恋爱"——他爱的是书上的那个小人像。这情形,很容易让人联想到《叶公好龙》这则寓言。而将叶公或潘汝良们的行为概括为"虚伪"是不合适的。虚伪毕竟是道德意义上的概念,让人联想到"恶",而潘汝良们的行为则更多地表现出了人的本性,显现出人性的局限,或者说是人性的弱点。潘汝良勇敢又怯懦,成熟又稚嫩,聪明又浅薄,是一个有着双重性格的人物。长期追寻的东西一朝实现却发现它没有任何价值，从而不得不放弃。这既显示了人生的荒诞，也显示了人性的悲哀。悲观主义哲学家们从欲望与欲望的无法穷尽上说明了人的悲剧的彻底性，张爱玲则从理想与现实的永恒的差异上阐明了人存在的本质。理想不是现实，但现实总是视理想为归宿；现实使理想有了价值，现实却又难免让人失望。人，大概就是生存于一边希望一边失望，一边渴求一边厌倦，一边坚守一边放弃中的吧。

同年3月，小说《花凋》在杂志上发表。《花凋》描写的是一个封建遗少的女儿的爱情和人生。张爱玲静静地叙述着那段苍白无力的爱，完全不带主观色彩，理性得让人更觉得苍凉起来。一朵鲜花，凋零在腐朽颓败的家庭里，凋零在风雨飘摇的时代中。

在《花凋》中，张爱玲对亲情与爱情的冷漠与怠倦描写得很刻骨。"笑，全世界便与你同声笑；哭，你便独自哭。"但整篇《花凋》也未见张爱玲对于导致川娥死去的家人的声嘶力竭的控诉，她只是用她自己特有的讽刺的语言将川娥一家人的面目表现得栩栩如生，将美好的事物破坏给了我们看。

"她死在三星期后。"张爱玲就这样轻描淡写地将一个年轻美好的生命的凋谢展现给世人看。

张爱玲在创作中热衷于塑造一些身世卑微的小人物。他们懦弱、可笑、无能，甚至冷漠，但内心仍然未曾泯灭基本的善良。他们无力像英雄那样改写历史，甚至，他们无力改变自身的困境，他们是半殖民地半封建下、艰难时世下的牺牲品。张爱玲并没有因为他们平凡而将其舍弃，而是在整个写作生涯中摒弃英雄，始终如一地去关注小人物的命运。她认为"弄文学的人向来是注重人生飞扬的一面，而忽视人生安稳的一面"，而她坚信"凡人比英雄更能代表这时代的总量"。于是，她的笔下涌现出大量脍炙人口的小人物，他们不完美、残缺、堕落、绝望、悲惨，那才是他们真实的命运。张爱玲是善良的，但正因为善良，她更不忍心去掩盖生活的真相，她用讽刺之笔犀利地发现时代变迁、世风日下的人的种种丑态和歪曲的人性，捏塑了旧社会下的群丑相。

主人公郑川娥并不如碑文所述是个"稀有的美丽的女孩子"，她长相普通，既不聪明，又毫无出众之特点，张爱玲戏谑她是"没点灯的灯塔"。她的一生短暂而压抑，生在冷漠、充满争吵的家庭，既得不到父母的疼爱，又处处受到姐姐们的排挤，在本该最灿烂的青春里先后失去了健康和爱情，在冷漠绝望中渐渐变成一只"冷而白的大白蜘蛛"，最后死去。她的一生与碑文上描述迥异，生得无比痛苦，死得无比凄凉。全然不像碑文上所描述的，"无限的爱，无限的依恋，无限的惋惜——回忆上的一朵花，永生的玫瑰——安息吧，在爱你的人的心底下。知道你的没有一个不爱你的"。碑文捏造了一个死去的川娥在世时的美丽人生，但真相则是"全然不是那回事"，川娥生前并没有活在一个爱的包围中，死得无助，死得委屈，死得可怜！歪曲事实的碑文连同"白大理石的天使，垂着头，合着手，脚底下环绕着一群小天使"的塑像与真相构成了巨大的反差，形成了强烈的反讽。

张爱玲在《花凋》中为读者塑造了一个色彩昏暗、基调悲凉的艺术世界。在这个世界里，灰暗、肮脏、窒息的烂的气味，像是病人临终的房间。烦恼、焦急、挣扎，全无结果，恶梦也没有边际，也就无从逃避。零星的折磨，生死的苦难，在这里只是无名的浪费。青春、热情、幻想、希望，都没有存身的地方。

张爱玲在其大多数的作品中都构建了一种男女家长二元对立的冲突模式，而在这场男女抗衡与从属的角逐中，尽管男性家长，如郑先生被去势、被放逐、被边缘化，但生活在宗法父权制度下的郑夫人们并不能因此而争取到超越男性家长地位的主体身份。她们自我力量和身份的确证，通常是在对家庭中其他女性的压制和操控下得以实现的。《花凋》中除了郑家男女家长间的矛盾外，还有一股暗流涌动，那就是郑家姐妹间的竞争和压制。她们总是"不停地嘀嘀咕咕，明争暗斗。在这弱肉强食的情形下，几位姑娘虽然是在锦绣丛中长大的，其实跟捡煤核的孩子一般泼辣有为"，张爱玲用"弱肉强食"来形容姐妹间的关系，讽刺意味不可谓不辛辣。面对剧烈的家庭竞争，川娥作为姐妹中最老实的一个，言语迟慢，天生是要被姐姐们欺负的。她只能穿姐姐们淘汰掉的旧衣服，而姐姐们还振振有词："小妹穿衣服越素净越好。"直到有一天熬到姐姐们一个个出嫁，"川娥这才突然地漂亮了起来"。在这里，张爱玲冷静的讽刺让人叫绝。

完成了《花凋》，张爱玲暂时离开家庭阴影的影响，将目光投向都市中成年男女的微妙关系。首先是《封锁》，背景是封锁中的上海。

《封锁》写的是男女主角在公车封锁的情况下产生了与平常不同的行为，他们在公车上恋爱了，可是下车后就自然而然地分手了。

张爱玲善用比喻和拟物、拟人的写作手法，在她之前的其他小说中已经可见一斑。

譬如这篇《封锁》，将电车轨喻作曲蟮，"抽长了，又缩短了；抽长了，又缩短了"，光看字面就感觉让人发疯，然而开电车的人却"不发疯"。又说，"这庞大的城市在阳光里眈着了，重重地把头搁在人们的肩上，口涎顺着人们的衣服缓缓流下去，不能想象的巨大的重量压住了每一个人"。"生命像《圣经》"，因为翻译来翻译去的缘故，所以使人"隔膜"。至少我无法想到除了张爱玲，还有谁能想出这样夸张却又无比贴切的句子。

小说的前半部分是描写世态的，在寂静中突然唱起歌来的乞丐，百无聊赖的电车司机，公事房里一同回来的几个人，一对长得颇像兄妹的夫妇（妻子总担心那条薰鱼会弄脏丈夫的西裤），手里搓核桃的老头子，孜孜修改骨骼图的医科学生……

电车的外部是死静的，电车内却有些嘈杂，就在这既死静又嘈杂的背景下，徐徐展开了吕宗桢和吴翠远的短暂的"爱情故事"。

相信大多数男女都幻想过艳遇，在行进的列车或汽车中，和一个陌生的异性在封闭的空间里，几乎零距离地靠在一起。但事实上，即便你常常出行，能与一个年龄相仿、长相也还过得去的异性坐在一起的几率几近于零。万一真遇到这样一个机会，你也很可能因为胆怯而与他或她失之交臂。也许你只是满足于裸露的手臂有意无意间短暂的相触，伴睡时不小心滑落在对方的肩上。你可能在心里猜测了种种有关他或她的背景，却连正眼瞧他或她一眼的勇气也没有。一个年过三十的男人曾这样向大家描述他的"艳遇"："她坐在我旁边，我们一共待了六个钟头。我一辈子也没有和一个美女挨得这么近，我们距离不超过十厘米地厮守了21600秒。我恍惚中产生了错觉，以为这种状态将会永远保持下去。所以临下车的时候她头也不回地绝尘而去，实在令我有些伤心欲绝。"但我想这是大多数"艳遇"的必然结局。

说回正题。张爱玲为吕宗桢和吴翠远设计了一个造成他们"艳遇"的前提，先是"封锁"，然后是吕宗桢的姨侄（吕为了避免和他的姨侄搭话，不得已坐到了吴翠远的身边）。我们可以把这些事件统统叫做偶然，就像"倾城"曾促成了一段姻缘，"封锁"又为什么不能"促成"一段艳遇？张爱玲大概是习惯了把人们搁在极端的情况下来考验他们的人性。

如果换个环境，吴翠远很明显不是吕宗桢喜欢的类型，因为在吕看来，"她的整个的人像挤出来的牙膏，没有款式"。而吕宗桢也不是英俊小生，何况还有家室。无论如何这两人也不会走到一起。在近处找原因，当然是因为他们被越来越多的人勉强挤在了一起。而突然间与陌生人如此亲近的场面，很容易激发起男女之间别样而微妙的情感。往远处找原因，则可以归咎于吕宗桢对他太太的憎恨——她总是要求西装笔挺的他在面食摊上买包子回家，而她那该死的侄子，已经开始打他十三岁女儿的主意。至于翠远，则是带了反叛的情绪，谁叫家里人总叫她找个有钱的女婿，所以这次偏找个没钱还有太太的男人给家里看。

诸如此类的艳遇，并没有我们期待中的香艳。男女主人公都貌不惊人，连调情所用的方式也极其俗套——"翠远暗道："来了！他太太一点都不同情他！世上有了太太的男人，似乎都是急切需要别的女人的同情。'宗桢迟疑了一会，方才吞吞吐吐，万分为难地说道："我太太——一点都不同情我。"

但就是这样极其勉强与不和谐的调情，居然也因为某种不能预测的因素，被迫发展到了令双方谈婚论嫁的地步。吕宗桢欲擒故纵地说出了"我不能坑你一生"的情话，而翠远居然假戏真做地哭起来，只是哭相不大好看，几乎"把眼泪唾到他脸上"。结局自然更为不堪，吕宗桢闪入人群，当做一切没有发生过，翠远终于醒悟过来，"整个的上海打了个盹，做了个不近情理的梦"。

张爱玲《封锁》中的故事发生在 20 世纪 40 年代初沦陷时期的上海。"封锁"这个特定时代的关键词，在当时，其直接含义是政治上的封锁。但对张爱玲来说，在身心经历过数次有形与无形的封锁与突围，经历过炮火中一切文明面临覆灭时的空虚和绝望后，她已感受了人类生存的艰难与无奈，因而，她要借"封锁"这个特定时期的非常规生活，描写乱世中琐碎、平庸的生活，揭示人性深层幽暗的本质，并在此基础上叩问人生的真相。

《封锁》是一个关于人类的寓言，《封锁》里的"他们"也是"我们"。我们"苍白"、"渺小"，我们无力承担战争的重负，我们只求苟且偷生。我们"自私"、"空虚"，有着脆弱的本性：渴望脱离既定生存状态、既定社会角色，行动起来却又瞻前顾后，畏首畏尾；即使在特殊的环境中偶尔对生命的真相有所了悟，也不可能进一步去思索。因此，一个非常态的封锁空间象征着整个"围城"人生：人生的常态就是社会规范对人的封锁，也是人对自我的囚禁。

小说开头的第一句"开电车的人开电车"如同"吃饭的人吃饭"，近似废话，没有制造出任何新鲜的信息；然而这最庸常的生活事实，却也最为根本的，揭示出了人们最寻常不过的生存状态。而"封锁"下的时空显然是非常态的，"封锁"破坏了一切安宁、庸常的生活，营造出与"开电车的人开电车"迥异的生存状态，这也正是小说题目的寓意之所在。小说从一开始便架构了常态与非常态对抗的张力，预示着小说将可能探讨常态与非常态时空的界限及其与人类生存状态的关系。

《封锁》中的人们，经过了痛苦的思考，进行了一次情感的出走，甚至可以说是生活的出走。然而"封锁"一经解除，现实的"封锁"又再度紧紧裹挟着人们的灵魂，人们只能像那只乌壳虫一样爬回自己的窝。如果说物质对人的禁锢是难以挣脱的，那么人对自身的精神的"封锁"才更是令人触目惊心的。所以，著名史学家勃兰兑斯说："然而最大的悲剧，是以人心灵为其战场，甚至无需厄运的特殊的拨弄的悲剧……"于是，"开电车的人开电车"，一切照旧，生活中的痛苦与悲戚又被这庸常所"封锁"了。或许长此以往，人们的脑子都会变成核桃仁，生活是"甜的，滋润的，可是没有多大意思"。现代文明高速前进的电车，仍然无法将人类载向进步的明天，残留的只是一只只退化的虫豸。这真是人类文明莫大的悲哀啊！

我们回到文章再看看封锁时电车内稍纵即逝的思想。生活的脚步随着电车停止，行动被束缚在局限的空间内，思想蠢蠢欲动。时间已不重要，在封锁的时空里，时间无限，容许乘客去探寻平常生活中不会思量的事物。另外在宗桢和翠远的对话中，宗桢道："忙得没头没脑。早上乘电车上公事房去，下午又乘电车回来，也不知道为什么去，为什么来！我对于我的工作一点也不感到兴趣。说是为了挣钱吧，也不知道是为谁挣的！"宗桢清晰地意识到自己的生活没有目的，这是浅层思考后的结果。但宗桢的思想如烛火，风一吹又灭了，他没有继续深究下去，关于他的生活和工作，他知道现状是什么，但他不知道，也并不想知道为什么和该怎么做。

我们必须意识到，像宗桢这样三十多岁的人，人生道路越走越窄，生活可改变的空间越发狭小——他的人生大局已定，宗桢处在一个尴尬的无法逃脱的困境当中。因此他逃避思考，思考不能为他解决问题，思考会带给他痛苦。这是人类逃避思考的其中一个原因。

大部分人为了满足自己的"胃"在重复日子，与其说是活着，不如说是在等待衰老。没有人发现空虚的存在，即使与它直视；没有人思考人生的意义，即使身处其中。无论是在张爱玲笔下的旧上海，还是当今工业化加剧的社会，都能在绝大部分人身上找到重复、虚无、无思想这一共同点。

庸常的物质空间，仍是主宰"平凡人"的强大力量，这也体现了空间对个体，特别是精神世界的操控和侵蚀。张爱玲敏感地意识到了这一点，强迫自己痛苦地思考，疯狂地创造了一段传奇，以她独特的方式，反抗、抵挡着这种侵蚀。尽管"开电车的开电车"，"没有完，没有完"，无力的反抗，终究不能只归于一种虚妄的姿态，聊胜于无，自是有其深意的。

时空转换与女性命运存在着微妙的关系。可以进一步说，时空转换亦连带男女社会关系的彻底改写。交通工具、旅馆、公寓等，这些固定的都市空间，与女性生活革命的关系是密切的。中国女性，特别是知书识礼的"闺秀们"，长期以来总是被囚禁在一个界限分明的空间中，那就是家庭。越是有贵族化背景的女性越是会受到"深闺"的约束。社会发展的一个重要特征便是将女性从家居生活中解放出来。"五四"以来，中国受过新式教育的女性，似乎一下子获得了众多新式的、自由的生存空间选择，特别是在陌生男女邂逅频率极高的都市里。但是这些被"解放"了的空间却是带有重重困扰，充斥着因社会变革而衍生的种种矛盾的。这些崭新的空间里也不乏残酷的压迫而酿成的悲剧。比如凌叔华的《绣枕》、《酒后》等，便是展现了社会文化与时代变迁中"闺秀们"的尴尬与苦痛。生存在旧式时空里的女性只能待字闺中，与外在急剧变化的社会文化生活疏离隔绝；而当她们有一天突破旧式时空，却发现并没有因此摆脱旧式女性的命运，进而赢得明朗的人生。实际上旧式时空里的旧经验、旧风习与新环境、新观念产生了激烈的冲突。她们处在新旧时空的夹缝中，处境尴尬，以致失去了判断前进方向的能力。她们的肉体尽管摆脱了旧式时空的闭锁，但在新式时空里，她们的灵魂仍旧深锁闺中，始终不能成为自我命运的主人。

"五四"时期，人们对于女性解放的认识很大程度上局限于反对封建礼教和争取婚恋自由上。当这个"自由"差不多实现时，却又因为感到生活中还充满更多的、新的生存困境，而难以找到实现女性解放的终极道路。比如《封锁》中的翠远和《西风》中的秋心等，这些"新女性"走出了旧式时空，接受了新式教育，甚至还取得了事业上的成功，拥有了选择活动空间的自由，然而她们仍旧不幸福，深感环境逼仄，生存艰难。时空的解放并未带来女性生存意识，包括情爱意识的彻底解放，她们仍处于社会变革和挤压造成的重重封锁中。冲出一座围城却又被推入另一座围城。现代文明造就了一批所谓的"新式女性"，却并没有为她们指明灵魂解放的道路。那些出走的"娜拉们"，接下来路在何方，仍是一个难解的谜团。《封锁》中的翠远正是一个表面上获得自由的都市新女性，一个在现代文明时空中失落悲戚的形象。张爱玲正是借助这种人为的非常态的流离时空，为这个失落的美丽女性，营造了一个短暂的、令人叹惋的美梦。这也是对现代女性努力寻求自身解放的更深一步的思索。从这个意义上说，《封锁》应当是发生在人为的"封锁"的美学时空中，一个都市女性的一次勇敢的突围。

张爱玲是伟大的。她能自觉地调用陌生化的视角，以有距离感的眼光去透视生活。如她的散文《洋人看京戏及其他》、《道路以目》等，都展示了她异于常人的"灵视思维"。张爱玲通过超越传统现实主义的传奇之笔打破了我们对生活的麻木与盲目，诱导我们在非常态中发现常态生活的庸常贫乏，感受到人性的压抑和人情的隔膜。她的作品给人性制造了一次越狱的机会，让人们积压已久的躁动和欲望在她设计的短暂时空中脱缰而出，人们甚至会被自己表现出来的疯狂与激情惊惧不已。而读者便在"常态"与"非常态"之间的参差对照中，发现了生活的真相。

同年5月到7月，中短篇小说《红玫瑰与白玫瑰》发表。

20世纪三四十年代的中国没有任何一个地方像上海这样传统：古老的家族、神秘的大宅、浓重的吴音，弥漫着永远抹不去的怀旧心绪。然而，那时的中国又没有任何一个地方像上海这样充满现代气息：洋场的灯火、风云的变幻、各国的来客，夹杂着无时无刻不在躁动的人心。时代造就了张爱玲传奇的矛盾，因而她小说中的人物永远生活在传统与现代的夹缝中，构筑了一片永恒的苍凉风景，《红玫瑰与白玫瑰》就是这样一篇佳作。

一个人的一生是一个传奇，一个女人的一生是最美丽的传奇，张爱玲小说中的女人的美丽却永远带着苍凉。女性是张爱玲写作的中心，女人最了解女人在现代社会中的生存状态。中国的女性所受传统压迫最为严重，因而现代的曙光一旦来临，要求解放的呼声也最为强烈，然而由于生活在传统与现代尚未协调的夹缝中，这时的女性既保持不了传统也完成不了解放，无所适从感一直笼罩着她们。娜拉究竟该不该出走？出走的结果是堕落还是回头？张爱玲对这些思考的深刻绝不亚于鲁迅。

《红玫瑰与白玫瑰》中的两名女性是传统女性与现代女性的两个典型化身，文章开始就表示："振保的生命里有两个女人，他说一个是他的白玫瑰，一个是他的红玫瑰。一个是圣洁的妻，一个是热烈的情妇———普通人向来是这样把节烈两个字分开来讲的。"然而，无论是白玫瑰烟鹂还是红玫瑰娇蕊，尽管她们代表的是两个不同的极端，等待她们的都是悲剧。如果说白玫瑰的悲剧是由于传统束缚，那么红玫瑰的悲剧则缘于现代文明。

烟鹂是男性眼中理想的妻子形象：文静、温顺、内敛，是"圣洁的妻"。自从结婚以后，她传统中这些美好的道德品质在受了西方文明熏染下的男性眼中，都变成了不足，现代社会中的传统女人是令人乏味的。振保对烟鹂的回报是在外面公开的玩女人，当着她的面砸东西。面对男性的放荡与无情，烟鹂最终也突破了传统淑女形象，做出了越轨行为，和一个远不如振保的裁缝偷情，张爱玲把一个欲守传统而不得的女性形象刻画得淋漓尽致。

与烟鹂不同，娇蕊是新文明熏染下的女性。她想成为自己的主人，对于爱有着执着的追求，为了和振保在一起，她抛弃了一切，坚决地提出和丈夫离婚，然而等待她的结果却是男人的无情，最终得不到所爱的人。时代新女性为残留的传统社会所不容，追求现代妇女解放而不得的女性经历过伤痛后随即开始渴望回归传统。当娇蕊再次和振保在电车中相遇后已不再留恋，她嫁了人，做了母亲，并安于这样俗世的平庸生活，尽管话语间充满了对往事的伤怀与哀悼。

> "也许每一个男子都有过这样两个女人，至少两个。娶了红玫瑰，久而久之，红的变成墙上的一抹蚊子血，白的还是'床前明月光'；娶了白玫瑰，白的便是衣服上的一粒饭粘子，红的却是心口上一颗朱砂痣。"

在《红玫瑰与白玫瑰》这篇文章中，爱情的诗意被消解殆尽。有着"柳下惠"的美名，留学归来的佟振保与友人之妻姘居，极尽欢情。但当王娇蕊禁不住当了真时，他却逃之夭夭，抽身而退。距离，或许会给彼此裹上一层柔光，加重一重幻彩。可当两个人真要冲破时光的沙滩，淌过空间的湍流，不顾一切飞奔向对方的时候，结果往往是事与愿违的。佟振保终是娶了性情保守、言行迟缓的女人做妻子。

就像多年后的偶遇，娇蕊对振保说："是从你起，我才学会了，怎么爱，认真爱……爱到底是好的，虽然吃了苦，以后还是要爱的。"佟振保，一个一向自诩顽硬的男人，竟猛地涌起了令人诧异莫名的泪水，滚淌着，同时裹杂着难堪的妒忌。"软弱的凡人"最难战胜的是自己心中的魔障，便在双重人格中摇摆挣扎一生，那是一种俗艳、苍老的美丽，即便还是一如既往地爱打扮要漂亮，但终归是败给了岁月。

生活还是要继续，哪怕生活的真相是漏洞百出千疮百孔，哪怕是无以为继。伤心终究只是一时，触动也只是转瞬的事情。佟振保在完成了这次意想不到的情感消费之后，再一次整装出发，重新做回了一个好人。而娇蕊把所有的希望都寄托在一个丝毫没有准备负责任的男人身上后，幸福也随之坍塌。誓言中的他许给的水晶宫殿不过是一间歪歪斜斜的土房子，就连倒掉时趁乱而起的灰尘都能让她迷了眼睛流泪不止。伤心和痛苦都是自己一个人的，他永远也看不见，就连最后她委曲求全说要给他自由的时候，他也只是看到了解脱的快乐而无视她流血不止的一颗心。爱不能挽留的时候，只有把最后的尊严留给自己。华丽地转过身来，让他自由让他走。在爱情的游戏里，女人一直扮演着陀螺一样的角色。沉迷在刚恋爱时的浪漫中，宁愿一直这样长睡不醒，晕晕乎乎的忘记了现实的存在。男人对爱情的憧憬大多是以欲望开始并以占有而告终的，他会被一个特别的女子所吸引，他会禁不住诱惑，总是想用征服来证明自己。当女人转过头来认真面对的时候，他却心慌了，因为他从来没有说过要你的真心，一切不过是玩玩而已。他们最怕的就是对爱情太认真太执着的女人，这会打乱他们安静的生活和既定的方针。爱过你，却不能在一起，他说他有太多的责任要背负，他还有很长的路要一个人走，这是最好的理由也是最烂的借口，不负责任是最好的解释。可能他转过身去的时候也心痛过，只是因为少了一个爱他的女人。

几乎所有论及《红玫瑰与白玫瑰》的文章都在引用这个比喻，但在修辞分析的角度上，都局限于狭义修辞之内，没有道出它的深层功用。这个比喻是有灵魂的，它在构建整篇文章以及体现张爱玲的两性观上起着轴心作用。谭学纯教授在其《广义修辞学》中提到了修辞功能三层面理论，指出修辞参与人的精神建构。这个比喻就兼具了修辞诗学和修辞哲学功能。前者体现在它统领了整篇小说的叙事结构，使得文中的故事成了一种普遍现象的代表而非仅仅是一个故事；后者体现在以小说的建构为桥梁，表现了从古到今男性心理倾向以及张爱玲的两性观。

《红玫瑰与白玫瑰》写的是发生在20世纪三四十年代上海都市男女的情感故事。但更让人觉得张爱玲是在借那时的背景言着当下的人和事，这也许足见这篇小说的高明之处。红玫瑰和白玫瑰作为反复运用而具有多重文化隐喻的功能，不仅可以透射出主人公的内心世界，还在东方与西方相互碰撞的大文化背景下，为我们探寻徘徊于传统与现代之间的现代都市人内心世界。

小说紧扣"红、白玫瑰"这一比喻将两类女性区分来写，很明显这不是张爱玲对女性的区分，而是她对男性观念上的两类女性的命名。男人们由于自己的需要，主观地将女人分为适合做情妇的和适合做妻子的两类。红玫瑰是他们的玩物，白玫瑰是他们维系地位和名声的支架。他们只从自己的利益出发，从来不曾把女人看成一个和他们平等的"人"。但事实是，红玫瑰最后成了一个心境平和的成熟的人母，而白玫瑰最终和一个比振保差劲多了的裁缝发生关系。这颠覆了振保的所谓"对"的世界。女人并不是按他的分类那样存在的。红玫瑰不再是他以为的红玫瑰，而白玫瑰也不再是他以为的白玫瑰。由此，张爱玲讽刺了一厢情愿将女性分类的男人们，鞭挞了从古至今压迫着女性的男性的话语霸权。从进入父系社会开始，女性一直生活在男权的重压下。在几千年的封建社会里，男人都不免有三妻四妾，女子只能从一而终。男人嫖妓合法，勾引良家妇女也能轻易被原谅，受指责和惩罚的必定是女子。道德上最完善的君子，在两性方面也绝不会无可指责。朱熹主张裹脚，戕害了女子一千多年。"红、白玫瑰"这个比喻，通过对小说的建构揭示了男性内心的隐秘，瓦解了男性用他们掌握的话语权制造的出荒唐幻象，表现了张爱玲对于成长中女性的赞美。

《红玫瑰与白玫瑰》堪称经典，它足以看出张爱玲对当时东方与西方、传统与现代相冲突、融合所引发的对人的生存困境的深入思考。这无疑是我们解读 20 世纪40 年代中国现代都市人生存的一个镜像。

1944 年 8 月 15 日，张爱玲的小说集《传奇》在上海《杂志》社印行，平装。初版的《传奇》收入了十篇张爱玲在 1943 至 1944 年发表的中、短篇小说，它们分别是：《沉香屑·第一炉香》、《沉香屑·第二炉香》、《茉莉香片》、《心经》、《花凋》、《年青的时候》、《倾城之恋》、《金锁记》、《封锁》、《琉璃瓦》；再版时加入了一篇《传奇·再版的话》。1947 年出版《传奇增订本》时加收了五个短篇，分别是：《红玫瑰与白玫瑰》、《留情》、《鸿鸾禧》、《桂花蒸·阿小悲秋》、《等》，另有前言《有几句话与读者说》和跋语《中国的日夜》。此后，由香港天风出版社和台湾皇冠杂志社分别出版的《张爱玲短篇小说集》都是《传奇增订本》的翻版，其中香港天风版的书中有张爱玲写的序。

对于出书，张爱玲有一种等不及的欲念。她坦诚地对读者道出了她的喜悦："以前我一直这样想：等我的书出版了，我要走到每一个报摊上去看看，我要我最喜欢的蓝绿的封面给报摊子上开一扇夜蓝的小窗户，人们可以在窗口看月亮，看热闹。我要问报贩，装出不相干的样子：'销路还好吗？——太贵了，这么贵，真还有人买吗？'"（《传奇》再版序）。战时的上海，物价飞涨，什么都贵，但《传奇》的销路非常好。"初版不到四日，即已告罄，兹再版重印"，《杂志》社在重印的广告中这样宣传说。《传奇》初版封面是张爱玲自己设计的，整个一色的孔雀蓝，没有图案，只印上黑字，不留半点空白，浓稠得使人窒息。姑姑看着充满油墨香味的新书，对她说，你母亲以前最喜欢这种颜色，衣服全是或深或浅的蓝绿色。"遗传就是这样神秘飘忽——我就是这些不相干的地方像她，她的一点长处都没有，气死人了。"

同年12月，散文集《流言》出版，收录其29篇散文。由中国科学公司印行，亦大受欢迎。《流言》的作者很容易让人想出就是《传奇》的作者。这本散文集中，张爱玲对童年生活的回忆，对身边世界的描绘，对文艺问题的阐发，都是生动有趣又极富价值的。张爱玲的散文，同样是精心营造的艺术世界。这个世界是苍凉的。长的是磨难，短的是人生。经历了太多变故的张爱玲对人类文明、生存意义有着伤感的估价。她在散文中比在小说中更随意、更直接地流露着荒芜、伤痕、漂泊、失落、惊骇与沉重的心境。乱世的人，没有真正的家。

《流言》收录了《私语》、《烬余录》等颇具张爱玲自传性的散文，《童言无忌》、《姑姑语录》、《公寓生活记趣》等有助于了解张爱玲家人、生活的散文，以及《自己的文章》、《关于倾城之恋的老实话》等能更好地理解张爱玲创作的文章等。对于了解张爱玲的生平和创作来说，本书是必读的。

《流言》是张爱玲的随笔散文集，可以说是大珠小珠满玉盘。张爱玲称爱默生"警句很多"，在本书中我们倒可以看到张爱玲满篇的警句佳句。如"上海人是传统的中国人加上近代高压生活的磨炼"（《到底是上海人》）；"中国人喜欢法律，也喜欢犯法"（《洋人看京戏及其他》）；"多数的女人非得'做下不对的事'方才快乐，婚姻仿佛不够'不对'的"（《谈女人》）等，不胜枚举。

"我一个人在黄昏的阳台上，骤然看见远处的一个高楼，边缘上附着一大块胭脂红，还当是玻璃窗上落日的反光，再一看，却是元宵的月亮，红红地升起来了。我想着：'这是乱世。'"（《流言·我看苏青》）

她的《传奇》一出版，即成为上海文化界的最畅销书；1944年散文集《流言》初版后，两个月后即发行到第二版。张爱玲的散文与小说如火如荼地在文苑竞相开放，一起构成了当时上海文坛的最美的收获。她以沪港洋场社会为背景，熔传统写作手法与现代技巧于一炉，创作了苍凉美丽的《传奇》，奠定了她在 20 世纪中国小说史上重要的地位；她的散文集《流言》也以其独特的表现领域、新颖的叙事方式、圆熟的艺术手法，成为现代散文百花园中的奇葩。

《流言》是引一句英文俗语，说它不持久，而又希望它像流言一样传得快。后来的历史证明这本散文集并没有辜负张爱玲当初的期待。它发表至今，几十余年一直为人所津津乐道，赞不绝口。究其原因，与其所呈现的独特的艺术特色是分不开的。独特的艺术魅力赋予其旺盛的生命力，使其历久弥新，经久不衰。

在《流言》中我们常常可以发现张爱玲在笔尖下发掘种种人性的阴暗主题，虚伪，自私，麻木不仁。她把一个人世挑剔者孤傲、冷僻的目光投射到了作品中。她对人性的这种否定情绪与自身生活体验密切相关。从《私语》中我们可以了解到张爱玲的不幸的童年生活使她敏感早熟，而在她的生活环境中，敏感早熟又使她过早积累了对人和事的否定情绪，从而造就文中流露出的对人性透彻的揭示。然而正是因为对人性有了深刻的了解，所以她对生活中形形色色的人物除了揭示以外又表现出了极大的宽容与理解。她的写作态度是诚恳而又冷眼旁观的。她看透了人性的丑恶却并不贬斥他们。包含着她对小市民卑微而平庸的生活的深深的理解与同情，正视人生的凡俗的本质。

张爱玲的散文集《流言》不同于她的小说是"一步步走向没有光的所在"。在其小说世界中透露的是举世的苍凉，影影绰绰的鬼魅的阴森，带给读者一阵又一阵的凉意。而《流言》则是光与影的纠结交缠，轮番上演。文中既有痛苦的人生体验，又有细细体察的生之欢悦。文中对世俗生活敏锐的捕捉，对人性的深刻揭示，阴暗与明亮对照的文字感受，都深深吸引了一批又一批的读者。其独特的艺术特色使这纸上的文字，自从诞生之日起就文如其名似的流传开去，而这流传必将继续。

很多人说读张爱玲的小说，尽管内心觉得是好，但不太愿意放声说出来。因为在她华美的文字下面，隐隐地透出一股幽冷乖戾之气，令人颇感不适，觉得读多了人也会变得凄恻起来。然后后来总算长大了，知道了人类本性的伟大：再怎么营造出真切的情景，如果与自身生活判若两样，总归还是要忘却的。小说，毕竟还是别人的生活，作者带着你游览一圈，你还是会顺顺当当地回归自己。

然而散文却不同，它是亲民的，是能和自己感同身受的文体。就像镜中的人像，可以参差对比，而不是供养的佛龛，"只可远观不可亵玩焉"。最近读张爱玲的《流言》，就颇有这种人间烟火般的趣味。她不再是冷眼摆着一副洞悉人性的面孔讲些绝望的故事，而是柔和起来，在自己的文学中和读者达成了彼此的谅解和宽慰。在这本散文集中，张爱玲向我们展示了她喜爱的城市公寓生活，分享了自己关于电影、音乐、诗歌、舞蹈、绘画、戏剧的见解，也如老友般坦诚了自己童年和求学的经历，还有街边的见闻，自己文章的写作动机等等。看似是杂乱无章无主题地凑在一起，反倒展现了一个传奇女作家的不同侧影。

这本《流言》中字里行间展露出张爱玲的率真、自然，给读者很随性的感觉。写的都是世俗生活，邻里之间，但却包含着她对人性、人生的思考。她津津乐道于饮食和生活，用最直白最亲近的方式向读者诉说她所喜爱和憎恨的事物。

《流言》囊括了张爱玲大约 1940 至 1947 年间创作的散文，也真是乱世中的乱世。尽管写这些文章时只有二十四五岁，但张爱玲还是毫无意外地展示了她过人的天分。纯熟而肆意挥洒的文笔，与对于世事老辣到和年纪不相称的眼光交相辉映。

"秋凉的薄暮，小菜场收了摊子，满地的鱼腥和青白色的芦粟的皮和渣。一个小孩骑了自行车冲过来，卖弄本领，大叫一声，放松了扶手，摇摆着，轻俏地掠过。在这一刹那，满街的人都充满了不可理喻的景仰之心。人生最可爱的当儿便在那一撒手罢？"（《更衣记》）

这种对"珍贵的东西"的捕捉，冲淡与调和着语境中荒凉与"忧伤"的背景。它昭示着构成张爱玲人生信念的真正支撑，是"走向世俗"的现世精神。张爱玲最终留给我们的形象，是一个孤单的女性流连于店铺的橱窗前细致入微、不厌其烦地观赏每一件时装的质地、款式甚至丝边的金线与带端的排穗的形象。

《谈音乐》中张爱玲表示自己并不太喜欢音乐，但不知为什么，颜色和气味却常常能使她快乐，一切的音乐都是悲哀的。气味总是暂时的，偶尔的；长久嗅着，即使可能，也受不了。所以气味是小乐趣。而颜色，有个颜色在那里了，使人心安。颜色和气味的愉快性也许和这有关系。不像音乐，音乐永远是离开了它，自己到别处去，到哪里，似乎谁都不能确定，而且才到就已经过去了，跟着又是寻寻觅觅，冷冷清清。

　　《流言》是笔者所看过的张爱玲的书中最喜爱的一本了。或者正如其中有人说的，张爱玲的散文写得比小说还好。令人佩服的是那种全然的淡然，用一种旁观者清的态度，审问世间，然后用她的极为犀利的笔触将各种细微处，别人所容易忽略的东西描述出来，有些尖锐得让你欲笑不止，有些则让你又痛又痒。

　　一直都觉得，张爱玲是一位悟性极高、艺术感极好的作家。女性的细腻敏感与艺术家的了悟聪颖赋予了她独特的审美气质，表现在散文中则是那些轻灵的议论、全新的造语、处处散见机智幽默的警句，顾盼生姿的行文，使得她的散文在给人一种无意为之的隽逸的同时又散发出逼人的才气。在张爱玲的散文中，几乎页页都有充溢着灵慧之美的句子。她凭着自己的艺术直觉，将一些事物尤其是那些难以言传的感觉不仅表达的惟妙惟肖，而且还给人以耳目一新之感。

　　最让人难忘的是《爱》中："于千万人之中遇见你所遇见的人，于千万年之中，时间的无涯的荒野里，没有早一步，也没有晚一步，刚巧赶上了，那也没有别的话可说，唯有轻轻地问一声：噢，你也在这里吗？"张爱玲说：这是真的。美丽的女孩，经历了人世种种磨难，到后来她应该失去了青春和美貌，但依然记得那个春天，那颗桃树，那件月白色的衫子，那个年轻人，以及他说"噢，你也在这里吗"。

　　总有许多人为了文中男女主角的错过而扼腕唏嘘。不是平行线，他们有着最甜蜜的交集，但这两条线的交点是那么微小。短短一句话的时光，他们相遇相爱，却也带来一世相离的苦楚。天意弄人，最美好的初恋情怀因为意外成为无奈和心酸。可是这短短的三百多字，又是包含了多少的甜蜜。困厄可以有很多，可以铺天盖地、惊险袭来，但在这苦难中，唯一需要用来支撑自己的，便是那一瞬的爱。女孩从一次又一次的侮辱中生存下来，是因为她内心深处有着最纯真的渴望。她永远记得，那个春天美好的爱恋，她是希望能再寻回它的。所以她可以一直坚持，一直铭记，哪怕岁月更迭。"于千万人之中遇见你所遇见的人，于千万年之中，时间的无涯的荒野里，没有早一步，也没有晚一步，刚巧赶上了。"刚巧赶上了，给她送来了能够作为一生财富的爱，丝丝缕缕，无尽绵长。这一辈子也该足够。

　　《爱》是苍凉惆怅且无奈的，尽管她没有动用痛彻心扉这样的词来写这个故事，但张爱玲看似平静的语言却掩藏了无限的悲哀，这里面浅浅的哀愁的情绪就像名贵的香水，不管你离多远闻，怎么努力地闻都是这个始终不变的味道，若即若离，却让人时时刻刻都能感受到。平淡的文字道出了所有的蕴藏在内心深处的情感，质朴却坦诚，美好得令人心痛。

张爱玲曾说过自己的创作理念："我是喜欢悲壮，更喜欢苍凉。""苍凉是一种启示。"《爱》大概是将这样一种苍凉描刻得淋漓尽致。而正是在这样简略的苍凉下才能显出爱的伟大和真挚。张爱玲自身的经历也算失败，她该是看透了"情"这一字的。智慧如她，可以用自己的文字勾画一个爱的完美世界。拿得起，怎能轻易放下。纵然自己无法得到，也可以将之放在内心最柔软的地方，时时惦念怀想，这也算是一种苦涩的浪漫。她便是这样的人吧，只是这样的人在这世上又有几多。所以，文字中也无可避免地透露出苍凉。这似乎是对现实的嘲讽，也是一种悲哀的无可奈何。

1945 年 1 月，张爱玲的另一本散文集《气短情长及其他》发表，收录八篇散文。"张学"权威陈子善评价：张爱玲的文学生涯是从创作散文起步的。哪怕她没有写过一篇小说，她的散文也足以使她跻身 20 世纪中国最优秀的散文家之列。

同年 2 月，小说《留情》出版。

对美满幸福的婚姻生活的解构，是张爱玲小说一个颇为显著的特色。她的小说几乎每篇都离不开男女之情，但她写的不是浪漫温馨的婚姻生活。婚姻对于男女主人公的意义只是生存的保障和色欲的保证，是一桩权衡利弊的交易。对于第一次婚姻，不管多么不和谐，夫妻间还有点零星的真情存在。但到了第二次婚姻，表面上看似感情颇融洽的一对夫妻，骨子深处则是为了各自实际利益的需要，婚姻成了他们满足自己欲望的工具。张爱玲的小说《留情》中第二次结婚的主人公，他们的真情都留给了第一次婚姻，第二次婚姻则是一桩金钱和美色的交易。

故事发生在民国 1932 年沦陷的上海。女主人公敦凤现年三十六岁，"出身极有根底。上海数一数二有历史的大商家，十六岁出嫁……"。而米先生呢，五十九岁，现是上海股票公司极有地位的人，儿女都在内地读书，然他的原配妻子没有死，如今仍住在小沙渡路，只不过最近病得很厉害。虽然敦凤与米先生"结婚证书是有的"，是名正言顺的夫妻，但对于第二次结婚的二人，家庭生活并不和睦。小说一开始就将主人公置身于一个阴冷的秋雨天。家里的一切都是冰冷的：冰纹笔筒、水盂、铜匙子。

《留情》是张爱玲的中篇小说之一，写了两个不同的家庭。从米先生和敦凤的龌龊开始，通过人物的心理描写和对话的冲突，表现出生活中的各种矛盾，将现实中的人性很自然地显露在我们面前，很深刻地的揭示了这种婚姻与生活的尴尬。

用意象反映主人公的命运，一直是张爱玲的最爱，而张爱玲在《留情》中一开头就用了意象"炭"来解释女主人的命运。张爱玲之所以用"炭"，背后有两层意义。首先，"炭"向我们展现了女主人公的物质的优越性，"他们家十一月就生了火"，但这在一般的家庭里却是不容易做到的，而小说的另一户人家——没落的杨家却没有如此的富足。其次，《留情》里的主人公敦凤的命运就像是炉火中的炭一样，貌似盆里的炭火红的燃烧着，充满了生命力，但实质却是消耗着自己的生命，最终化为灰烬，直至死亡。

敦凤早年丧夫，守了十几年寡。在自己唯一的朋友——杨太太家，认识了现在的丈夫米先生。米先生已经是近六十的人，敦凤才三十六，典型的老夫少妻。不过各取所需，倒也安安稳稳地把婚结了，而且把婚纱照裱了起来挂在客厅里，这有点稀奇。

在那个年代，他们算是闪婚。他们不似年轻人感情丰沛，他们没有缠绵悱恻的感情，有点像两个陌生人突然生活在一起，到处冷冷的，窗明几净。他们的感情没有太多积累，生活没有太多重叠，相互之间没有太多牵绊，反而各自纷纷怀恋以前的伴侣。

小说情节很简单，米先生要去探望即将病逝的前妻，敦凤有点小情绪，他只好先把她送到她舅妈处，然后他去了一趟，很快就回来接敦凤回家了。

米先生与从前的女人是对打，对骂。对敦凤却是有时候要说"对不起"，有时候要说"谢谢你"，也只是"对不起，谢谢你"而已。

米先生跟前妻早就没有了感情，也就是早已"千疮百孔"了，但是还是回去探望即将病逝的前妻，毕竟一起生活过，总要留下一点体己之情。

而敦凤呢，出身极有根底，她十六岁出嫁，二十三岁上死了丈夫，守了十多年寡才嫁给米先生。她是温柔的，上等的，早两年也是个美人。嫁给米先生，就这样的一个男人，如今对前妻的病还是惦念着，看来她的感情也算"千疮百孔"了。记得她的一句话——"生在这世上，没有一样感情不是千疮百孔的"，这是她阅尽世态，尘埃落定后最为真实的，也是深刻的人生体验。她的文风也由此一扫绮丽，一减锋芒，于无声处露出真正所谓苍凉的底色。这在我价值观成长的道路上有着不可或缺的作用！留情，若不留情！

《留情》并不是张爱玲最有名的小说，初读起来有些寂寥，再读却像嵌在心里的一幅景儿，几个人儿，在你耳边说这话似的。1945年发表，那时张爱玲二十五岁，刚刚和胡兰成恋爱结婚。笔者特别喜欢弄清每个作者写该篇文章时候的年纪，因为人在不同的年纪，生活经历也在变，心态在变，跟着作品风格和构思的起源也在变。二十五岁的年纪，刚刚进入幸福的婚姻，却关心起了一对老夫少妻日常生活中小小别扭的片段。

看了很多人对这篇小说的评论，大都认为敦凤和米先生的二次婚姻是不幸福的。敦凤前夫待她并不好，而且死了，守寡十年后嫁给米先生只是为了衣食无忧，只是为了生活，却嫌"他与她同坐一辆三轮车是不够漂亮的"。而米先生和前妻日日争吵，因此这一次是"预先打听好，计划好的，晚年可以享一点清福艳福，抵补以往的不顺心"。似乎两人都有目的，于是便幸福不起来了。

然而幸与不幸、爱与不爱是没有定式的。笔者也看见文中的几处细节，透着暖暖的爱意。米先生要去看望病重的前妻，敦凤当然不乐意，独自也出门去。"她挽了皮包网袋出门，他也跟了出来。她只当看不见，快步走到对街去，又怕他在后面气喘吁吁追赶。她虽然和他生着气，也不愿使他露出老态，因此有意地拣有汽车经过的时候才过街，耽搁了一会。"这个动作是每个女人都熟悉的吧。因为爱他，所以闹别扭的时候纵然赌气地走开，也会暗暗期待他会追上来，因此故意找了理由放慢节拍。不管敦凤如何在外人面前说自己对米先生是没有爱的，然而关心和期待还是渗入了琐碎的生活。米先生呢？因为他在乎敦凤的感受，才会在是否去看望前妻的问题上左右为难，对过去，不是爱，但还有痛惜。因此，最起码，他们的心里是升起了爱的。

正如小说结尾处那句："生在这个世上，没有一样感情不是千疮百孔的，然而敦凤与米先生在回家的路上还是相爱着。"

她想表达，这世上，没有哪种爱情不是千疮百孔，关键是你怎么看待它。在这样的语境下，没有谁是谁非，没有谁占了便宜谁吃亏，只有愿不愿意。由此可见，张爱玲是赞成感情自由的，但她同时提了个醒，女人也好，男人也罢，总觉得"别处"才是好的，但往往"别处"只是一场幻觉。

实际上两人都是有情有义、有情有节的人，但这内心深处的情是留给谁的呢？忘不了，忘不了往事，忘不了过去的人和物，忘不了第一次婚姻。对于现今的第二次婚姻，二人间没有感情。有的只是满足彼此的欲望，获得各自实际需要的实际利益。

第六章

迷惘重生再创辉煌
1947—1951

1947年3月到6月，小说《创世纪》发表。《创世纪》描绘了三代女性的生活状态。其中，和全少奶奶黯淡麻木的"在场"不同，潆珠和祖母紫微是《创世纪》的重心，张爱玲对这两个角色如何自处，显然有着更多的兴趣。小说有相当篇幅放在祖母紫微身上。可以推断，一来，紫微的原型是张爱玲祖母的嫡亲妹妹，亦即李鸿章的小女儿，可以增加故事的价值。二来，以紫微代表的"老人经验"与处于"难堪的青春期"中潆珠的视角，前者隐含了张爱玲对于探究和观察家族历史的兴趣，而后者，正是她自己人生中不能忘怀的困扰。

夏日里落雨，不是闷热难耐，亦非大雨倾盆，却是丝丝缕缕，如杨柳扑面的细雨缠绵，行在路上，雨打发梢，颇有些初秋的凉意。在此凉风细雨的天气里再读张爱玲，读她的《创世纪》，感受老上海旧家族艳光脂粉中的男男女女，总觉得有一些晦暗，一些伤感，一些意乱情迷。

《创世纪》中着重描写了两位女人，一位是潆珠，一位是紫薇。从性格来看潆珠和紫薇是有很大差别的，潆珠性格显得弱势，让人怜惜；而紫薇性格显得很强势，由始至终都保持着她的威严。但她们有着一个共同点，即都是被封建礼教压抑的女人。紫薇更是在压抑中而心理变态。

潆珠是家中的大女儿，就因为她是一个女孩，她受尽了家人的歧视和冷漠。在物质上她显得匮乏，没有钱来打扮自己，平时想吃饱一点让自己的身形显得健康一点都成了奢望。当她想外出赚钱时，更是受尽了家人的白眼，说她一个女孩子在外面抛头露面，丢人现眼。潆珠想自食其力，让自己过得好一点，都会被家里人压制，从中我们可以看到潆珠过得多么的压抑。在精神上，潆珠读到中学就没有继续读书了，家里人是不可能让她一个女孩子上大学的，哪怕是她家里有钱，也是不可能的，因为他们觉得给女人读书是一种浪费。女人同男人享受的权利是极其的不平等的。

潆珠是一个难掩自卑的女人，长得不怎么好看，因为营养不良身形也不好看，也没有钱打扮自己。在药房工作，让她遇到了耀求，和他展开了一场自己并不自信的恋爱。耀求家境富裕，长得潇洒倜傥，是任何女人心中理想的结婚对象，这种男人会看上潆珠什么呢？耀求只不过是被潆珠的传统和矜持吸引罢了，当耀求对潆珠的新鲜感消失之后，耀求会毫不留情地抛弃潆珠。在文中也写明了耀求确实是个浪荡公子，同别的女人同居还有了孩子。但我们可以看出潆珠对耀求还是有期待的，她是很愿意让耀求带她逃出家这个牢笼的。但这一切是奢望，她很清楚自己没那个资本，虽然不想接受，但却不得不面对现实，因此潆珠和耀求的恋情最终只可能是结束。

紫薇是个霸道的女人，因为出生显赫，连他的公公也要敬她三分，她的丈夫更是畏惧她。就是这样一个女人却也有着苍凉无奈的一面，因为她的家庭也是不把女人当做人看的。她永远也记得那句：如果被追兵追到首先把女孩杀了，免得做出丢人现眼的事。就像紫薇这种出身的女人也遭受到了不公平的待遇，但她明明已经在这种不公平的制度和礼教下变得不幸了，可她却变态地继续用这一套压制她的媳妇、孙女。这确实是让人感到可悲。

《创世纪》里人物的龌龊、不堪，令人厌烦，命运也没有一个放晴的。之所以读了一遍又一遍，还是因为张爱玲的文笔。就个人体验来说，张爱玲的文笔胜过她的故事。而且，妙笔生花之处，比比皆是。白描的细致——"一个乡下人挑了担子，光着头，一只手搭在肩膀上，一手缩在棉袄袖里，两袖弯弯的，两个长筒，使人想到石挥演的《雷雨》中的鲁贵。"比喻的尖刻——"三轮车夫披着方格子绒毯，缩着颈子唏溜溜唏溜溜在行人道上乱转，像是忍着一泡尿。"

　　紫薇的一生，是一个悲剧。虽然出生名门，衣食还算无忧，却无法主宰自己的命运。小时候，父亲虽然宠爱，却又随随便便把她嫁了人。婚后丈夫养家指不上，又不知温柔体贴，真是命苦。潆珠处于一个新旧交替的时代，家庭并不重视对女孩的培养，也不赞成女孩出去做事。潆珠的经历使我感到中国的女子进入社会的不易。想想中国那个时代出名的女性，如宋氏姐妹、林徽因、冰心，等等，都是出自名门。即使贫寒，也是知识分子家庭。然名门之女却未必有成就，原因何在？恐怕还是思想。家里再富，思想僵化，也是不行。如能温饱，但思想进步，也是女子的福气。

　　"但屈指西风几时来，又不道流年暗中偷换"，走过了大半个世纪，猛一回头，才发现旧时的自己，真实的自己，原来还生活在上一个世纪里，而真身却随时光流转，走到了现在的时空，那一份透骨的凄凉岂是"伤心"二字就能替代的吗？

　　"爱是热，被爱是光。"潆珠只有一件破衣裳，这使她更加温暖，坦然向前走或向后走，都会落满雪花，这使得她更加姿态优美。走到祖母那里，天就黑了，烟越来越多，有盖的玻璃杯里的茶是凉的，渔夫在书里道晚安。这时候才发现那个叫紫薇的老人依旧姿态优美。

　　张爱玲在《创世纪》中告诉我们，在吃人的制度下，不管你是何种的出身，同样的都会遭受压抑而不幸。再读张爱玲，是走遍了万水千山后，观过了落花流水景，不再惊狂、不再愤懑的那种平实与超脱，是坦对生活、直面人生的一种大气与睿智，有你我俱在其中的那种真实性的影子。

　　1947年5月到6月，小说《多少恨》根据电影《不了情》改编发表。

　　《多少恨》是一篇张爱玲自己十分喜欢的中篇小说。小说的情节一点也不复杂，从乡下来到城里谋生的农家少女虞家茵在电影院退票时遇到了一个老板夏宗豫，而后来虞家茵找到的工作刚好是给夏宗豫的女儿小蛮当家庭教师，两个人一来二去竟产生了感情。可是此时虞家茵那已与母亲离婚另娶的落魄父亲却找上门来，好吃懒做而又诈骗成性的虞老先生把夏宗豫的厂子搞得乌烟瘴气。不久之后夏宗豫患了重病的妻子夏太太也从乡下来到了城里，心烦意乱的虞家茵最终选择了退出，她去了遥远的厦门当教员。一个纯情的少女与多情的男子的姻缘就这样给错过去了，那么谁在这场"错过"的姻缘中犯下了"过错"？这场"错过"的结果到底是"对"是"错"呢？

如果说《倾城之恋》是一幅织锦缎，描龙绣凤，瑰丽华彩，那么《多少恨》就是一段平纹细布，低吟浅唱，朴素温暖。虽然情节老套，但经过爱玲善画丹青的妙手，却也繁花似锦，韵味悠长。家庭的温情，纯洁的爱情，朴素的情怀让我们欲罢不能。这部写于张胡之恋尾声的小说，大概是因为不用再靠惊世骇俗的言论赢取功名的缘故，显得平实、亲切、自然，像一朵低到尘埃里的小花。连张爱玲自己也在前面小序中写道："我是这样恋恋于这故事。"多少恨，恨是遗憾。恨与遗憾之间，是惆怅。恨是有力的，是强硬的，是尖锐的；遗憾是无助的，是无奈的，是想抓又不能抓的。虞家茵，一朵在尘世中悄悄开放的小花，在挤挤挨挨的人世中，争取着一点点容身之处。但是爱情，呼啸着来了，又被世俗呼啸着裹挟着去了。在惊喜的眼眸还没来得及眨一下的时候，他就走了。不是不想要，不是要不到，只是不能要。要了，就丢了自己，就在自己的心上留下一道污渍，难保日后不肮脏了全身；不要，决绝的离开，日后还有美好可以回味。傻吗？傻。在今天人看来，世界已负我太多，没有幸福富有的家庭，没有体面的父亲，没有足以糊口的工作，爱情来了，为什么抓不住？时下的青年姑娘，一定不会像虞家茵一样转身离开。可是虞家茵她离开了。小说戛然而止，在向命运敲门之后，徒留轰响，前后已是两重世界。

爱原本是顶简单、直接的东西，可偏偏他们之间惶惶然隔了太多世俗的牵绊，而又不能不顾。这份爱，不长久，却也许会让她余生都处于伤感之中。

喜欢小说中这种不疾不徐的调子，爱家茵和宗豫间淡然从容的默契。宗豫对家茵说过，她手上没有螺，爱砸东西，但他手上有螺，抓紧了绝不放手。于他这类慢热、内敛沉着的男子，这无疑是最大的诺言了，抵过千句万句别的，可是最后宗豫没有坚持，轻易、无奈地放手了，让人怅然若失。

而虞家茵为什么最终还是选择离开呢？显然不是因为不爱。若是真嫁入夏府，父亲其实也是可以忽视的，打发回老家也就罢了。夏宗豫的妻子是个有病之人，也不足畏惧，姚妈是个下人更是可以忽略。虞家茵的走，应该是看到了另一个轮回。除去虞老爷子的劣习，其实夏宗豫与他并无区别：一样不情愿娶了"一个没有知识的乡下女人"；一样育有一女儿，女儿乖巧伶俐；一样的为了新目标抛弃糟糠妻。虞家茵是纯真善良的，她不想小蛮以后跟她有一样的境遇。外加上背景的不同，虞家茵选择离开，她是聪明的。如同张爱玲所说的那样，每个男人心中总有一朵白玫瑰，一朵红玫瑰，得到了就弃之如敝履。

张爱玲曾经说过，人生有三恨：一恨海棠无香，二恨鲥鱼多刺，三恨红楼未完。我想应该还有一恨，就是鄙视相爱的红尘男女，不管爱得多深，终究抵不过俗世的各种纷扰，最后分道扬镳，远走他乡。

"莫欢喜，总成空，水月镜花，空中楼阁。"恐怕回忆的人，是道不尽此中的心酸惆然。

在《多少恨》里，张爱玲不再卖弄圆熟的叙事技巧，只是娓娓道来。男女主人公的家居陈设，既揭示了主人的性格，又恰当的烘托了氛围。张爱玲经常把自己的喜好写进小说里。她是那样渴望爱与被爱。只有满满当当的物质才能驱散她的不安全感。那些洋油炉子上咕噜噜煮沸的东西和窗台晒着太阳的粉红棉鞋里子，屋里孩子的笑声，都有她对家庭生活的憧憬。

张爱玲在作品中多次描写家茵这样的新女性形象，她们受过较好的教育，年轻善良，自食其力。像《十八春》中的曼桢，《创世纪》中的潆珠，都是这样的职业女性。卑微的社会地位、捉襟见肘的生活不仅没能压垮她们，反而磨砺了她们的意志，成为她们成长中必须经历的一部分。小说中破了的热水瓶，塌了一块的地板，公共的洗浴空间，一个饭碗和缺了边的蓝边菜碗，一点点不经意地出现在镜头里，反衬出女主角的独立坚强。可是对于一个女性，即使活到八十岁，好年华不过是几年吧，小说处处流露出张爱玲对青春韶华的眷恋。

爱情是张爱玲小说永恒的主题，但她似乎特别喜欢描写戛然而止的感情。《金锁记》里的长白与世舫，《创世纪》里的潆珠与耀求，《花凋》中的川娥与云藩，朦胧美丽的恋情刚刚开了个头，就被女主角毅然决然却又万般无奈地掐断了。也许在爱玲眼里，带着仅有的一点点自尊，以一个苍凉的手势离开是最好的解脱。

随着张爱玲遗作《小团圆》的面世，传奇的情节，显赫的身世，或明或晦的情色描写，仿佛就是张爱玲的全部。其实，细腻的家庭生活描写，丰富的心理世界刻画，触动了我们心底最柔软的地方。通过对《多少恨》的解读，我们不难发现，其实在张爱玲的作品中，有家，有爱，有生活。

同年11月，小说集《传奇》增订，这次新版的增加了《鸿鸾禧》、《等》、《桂花蒸·阿小悲秋》等小说。《不了情》的成功，使文华公司大受鼓舞。桑弧想乘胜追击，又请张爱玲继续合作。他已构思了一个喜剧的腹稿，说与张爱玲听。张爱玲慨然应允，又一口气写出了第二个剧本，也是文华公司的第二部作品《太太万岁》。

《太太万岁》描写了"在一个半大不小的家庭里周旋着"的"贤惠"而"大度量"的太太，怎样照应丈夫、为他受尽委屈、自我牺牲而吃力不讨好的故事。这位太太名叫陈思珍，她工于心计，用圆滑的处世技巧敷衍周围的人，处处替丈夫吹嘘掩饰，为娘家撑场面，四处讨好，八面玲珑。婆婆觉得她是个好媳妇，小姑觉得她是个好嫂子。她甚至不惜用撒谎的办法，使她势利的父亲资助她丈夫唐志远办起了企业公司。但丈夫发迹后却全然不顾她的恩情，照讨姨太太不误，而且此时婆婆也对她多方责难。在精神上她受尽折磨，但依然忍气吞声，顾全家庭，对丈夫百依百顺。这就是有着几千年男权统治国度的一代又一代女性的生活写真。陈思珍和《心经》中的许峰仪太太，《等》中的奚太太、包太太、童太太一样，是传统道德压制下的老一代女性。对这类人物，张爱玲写起来得心应手，毫不费力。《太太万岁》在上海的皇后、金城、金都、国际四大影院同时上演，前后放映了两个星期，观众十分踊跃，即使天气奇寒，大雪纷飞，仍然场场爆满。当时上海各报刊竞相报道上映盛况，誉之为"巨片降临"、"万众瞩目"、"精彩绝伦、回味无穷"、"本年度银坛压卷之作"。与观众和传媒对《太太万岁》不绝于耳的赞美声相比较，上海评论界围绕这部影片展开了一场不小的争论。

1949 年 5 月 27 日，上海解放了。上海，这个全国最大最繁华的城市，这个欧美在中国最后的盘踞地，这个多少官僚名流云集经营的华丽水晶宫，面临着一场巨大的变革。在新中国成立初期，一个崭新的社会充满了崭新的希望。那时，张爱玲身边的朋友都对未来的社会图景充满了斗志与信心，他们带动她一起行动。著名编剧桑弧在黎明的曙光到来的前夕即与爱玲有过合作，他与她切磋，自编自导的《哀乐中年》搬上了银幕。全国解放以后，桑弧又以更大的热情投身到新中国的文艺事业，拍了鲁迅的《祝福》等片。1949 年 5 月，上海解放，夏衍随陈毅进驻上海，接管上海市文化工作，重新组织上海文艺界人士办刊物报纸。

1949 年 5 月，曾与张爱玲两度亲密合作的出版人龚之方与唐大郎，又兴兴头头地办了一张通俗的小报《亦报》。《亦报》编辑部中人还是《大家》的旧人，这些老朋友又来催她写稿。张爱玲被这些朋友的热情感动，同时写作也是她最喜欢的事情，激情与理性、困惑与清醒、茫然与坚贞的重复交错中，张爱玲拿起搁了一年的笔，重新走进她在门外徘徊良久的文学世界。会有不同吗？

《十八春》正式集结成书是在 1950 年，于 1950 年 3 月 25 号至 1951 年 2 月 11 日在上海一家名为《亦报》的报纸上连载，当时就引发了一股热潮，当时张爱玲所用的笔名是"梁京"。1955 年，张爱玲由港赴美，次年与美国作家赖雅结婚。1967 年，赖雅病逝。

《十八春》完成在社会主义新中国建立之初，整个中国都是一派新的气象，人民建设新中国的热情如火一般。张爱玲本人肯定也受到了这种思想的影响，认可了马克思主义，才在自己的作品中有所体现，正如"我对新中国的前途是绝对有信心的"（《十八春》中沈世钧语）一样。这还可以从张爱玲多年以后嫁给美国狂热的马克思主义者、著名作家赖雅看出。《十八春》中体现出的这种思想与张爱玲以往作品中所体现出的思想有所不同，这是一种切合时代的思想，与"一级一级走进没有光的所在"（《金锁记》中语）的论断大不相同。

有人认为，张爱玲前后两位丈夫一个是反共和叛国的胡兰成，一个是信仰中国共产主义的美国著名作家赖雅，这说明张爱玲在政治上的一种冷漠。其实不然，张爱玲是所谓的"坐直通车从旧社会到新社会"的一代女作家，她亲身经历了国民政府和抗日战争时代，她用她"冷眼旁观"的目光审视人间的冷暖和人性的"恶"，这才有她前期震撼人心的作品。同时，张爱玲也亲眼所见共产党为人民打天下，见证了新中国一派欣欣向荣的景象，这才使《十八春》中体现出对共产主义的好感。一方面，张爱玲与胡兰成分离，说明她在国家的大是大非上立场鲜明而坚定；另一方面，她与赖雅的结合也说明了她对共产主义方面的好感。

金宏达先生说我们读《十八春》能够读出变化中的张爱玲，而夏志清教授曾说张爱玲是个"悲观主义者"，在笔者看来，张爱玲在《十八春》中实现的是一种自我的蜕变，也是一种对悲剧的背离。这是新中国成立以后张爱玲发表的第一篇小说，颇有投石问路的意味。

1968 年，张爱玲对《十八春》进行再创作并改名为《半生缘》，在台湾《皇冠》杂志连载，次年出单行本。由于两岸缺少交流，大陆很少知道《半生缘》，直到 1986 年，《半生缘》才在广东花城出版社翻印出版。

即使在张爱玲这样流行的今天，依旧有不少人把《半生缘》和《十八春》混为一谈。笔者在网络上搜索《十八春》和《半生缘》电子版就发现，新浪网的读书频道以《半生缘》（又名《十八春》）为名提供在线阅读，而有的网络提供图书下载。显然，人们不约而同地把《半生缘》与《十八春》等同起来。实际上，新浪网提供的版本是十七章的《半生缘》，而有的文学网提供的版本则是十八章的《十八春》，这也说明了《十八春》和《半生缘》被人们视为一本书，这误导着非专业的读者。《十八春》与《半生缘》的不同之处在于：

其一，《十八春》共十八章，《半生缘》共十七章。

其二，许叔惠去延安改为去美国留学。

其三，张慕槿改名为张愚瑾。原作中张被诬陷为汉奸抓捕，其妻被迫害致死。现改为张妻被日本人杀害，张被抓后逃生，去了大后方。

其四，《十八春》中最后沈世钧、顾曼桢等前往东北参加革命工作一段被删，故事到沈、顾二人重逢即告结束。

其五，《十八春》中，沈世钧、顾曼桢相识的时间为十八年；在《半生缘》中则改为十四年。即书中前后时间首先不同。

作于1950年至1951年的《十八春》，是张爱玲小说中一个分外引人注目的存在。这不仅是张爱玲出国前于大陆的唯一长篇，而且一如评论者的共识，它是张爱玲与当时浓厚的政治氛围和文化方针妥协的产物。它的出现，标志着深藏于作家内心的安稳之梦的终结。

《十八春》，典型的文艺小说。平淡却惆怅的口吻，像河水一般缓缓流淌。含蓄的主角，鲜明的人物，悲情的故事，无奈的错过，兵荒马乱的时代背景。《十八春》写了30年代上海的一个悲惨的爱情故事。女主人公顾曼桢家境贫寒，自幼丧父，家中老小七人全靠姐姐曼璐做舞女养活。曼桢毕业后在一家公司工作，与来自南京的沈世钧相爱，世钧深深同情曼桢的处境，决定与之结婚。曼璐终于也嫁人了，姐夫祝鸿才是个暴发户，当得知曼璐不能生育，便日生厌弃之心，曼璐为了拴住祝生出了一条毒计……十八年在天才作家张爱玲的笔下一晃就过去了，曼桢和世钧又在上海相遇，而岁月变迁绿树早已成荫……

张爱玲创作这部长篇小说时的时代背景，便是新中国的建立，这在过度敏感的张爱玲看来，意味着"更大破坏"之来临，意味着现有安稳的颠覆。在张爱玲个人，便是饱尝了情感沧桑与婚姻苦果。若说前者影响了作家对于素材的选择、创作思路，继而影响到小说的色彩，那么，奠定小说主题与基调的仍是作家特有的情感体验与人生感悟。

《十八春》主要讲述了几个年轻人的爱情故事，涉及到各自的父辈。在关于父辈的文字里，父亲这个角色总是很不明朗，女性角色则显得更明朗一些。这么说来，这一代的女性，应该不存在依附于男性的问题了。其实不然，鲁迅先生说得好，悲剧是将有价值的东西毁灭给别人看。亚里士多德在几千年前就道明，悲剧是崇高的，是美的。女人的命运虽然是悲剧性的，终究还是美的。我们忍受她们的悲惨，接受这种悲惨表现出的美，因为，正是这种美才让我们人类生生不息。

《十八春》所着力表现的还是张爱玲最得心应手的都市男女的情感纠葛。小说从男主角沈世钧的立场回忆往事，以沈世钧与顾曼桢的悲欢离合为轴心，描写几对青年男女在乱世暌隔中阴差阳错。世钧的善良和软弱，曼桢的痴情与不幸，还有曼璐的自私，祝鸿才的无耻，在小说中无不栩栩如生。书中主要角色，体验了乱世的酸甜苦辣，最后为拥护新政权，为新国家做贡献在东北大团圆。虽然有情人未成眷属，令人惋惜，却各有所配，此次走向新生。全书共十八章，男女主角和相关人物也离离合合了十八个春天，正暗合传统京剧《汾河湾》的旧典。十八个春秋的尽头，只是那两个字，永远换不回韶华，"曼桢"是轻盈还是凝固，是遗失还是永远的寻找？十八年在天才作家张爱玲的笔下一晃就过去了，曼桢和世钧又在上海相遇，而物是人非的彼此已是菩提花落，再也不为世间的繁华。命运给予的眼泪，盈盈了整个半生的片段。

> "我要你知道，在这个世界上总有一个人是等着你的，不管在什么时候，不管在什么地方，反正你知道，总有这么个人。"

这是《十八春》中颇令人感动的一句话，爱情是这部小说的主题。一直相信，每个人都有命定的恋人，而生命里的爱情总是神奇得像是四月里开的花，只在一个回眸，并凝住了流云。苏轼在《蝶恋花》中说"墙里秋千墙外道，墙外行人墙里佳人笑"，如果命运是一堵墙，我们在墙的这面快乐与悲伤，有人骑着单车穿越阳光从那里经过，然后，在生命的某个拐角就这样相遇了，用等待了千年的声音叫出彼此的名字，声音干干净净。管他商时风唐时雨，爱情就像手心里的命运，绽放了就是指尖的花，不管是落寞还是繁华，那只是爱情的结局而已。就像世钧再给曼桢拾起那只手套的冬天，他可能未曾想过事后相爱的两个人在生活里辗转而在十八年后感叹的事。这是张爱玲的安排，或者说，是冥冥之中的注定。

张爱玲笔下的爱情总是这样来自生活却又超越生活的精致与流离。她不像琼瑶的轰轰烈烈的爱情，却又超越轰轰烈烈的爱情之上的感触，世钧和曼桢的相遇是如此的平凡，相爱亦是如此的顺其自然。如果张爱玲换一种方式，比如生死相遇，或是两人同有不凡的显赫地位或者各自怀抱着深仇大恨，那么，这段故事与30年代的上海是如此的和谐。

故事前三分之一，风平浪静。曼桢和世钧，相互刚好都喜欢的人，有自己对未来的小憧憬，谈婚论嫁时机已到。虽说曼桢家庭情况特殊，还要一个人支持大半个家，但在世钧眼里，她却能够坚强地表现出一副举重若轻的姿态。

后来曼桢在姐姐曼璐的预谋下被祝鸿才算计，顾曼璐没有一点人性地把自己的妹妹"卖"给了祝鸿才，但最终她也受到了惩罚，悲惨地死去。命运的轨迹开始发生改变，而他们也慢慢走向不同的路。

小说后半部分，曼桢生下小孩后，逃离了祝家。而世钧与富家小姐结婚。曼桢在曼璐死后几年，得知孩子在祝家受罪，而祝鸿才生意又走下坡路，曼桢却为孩子嫁给了祝鸿才。张爱玲为小说加了"光明"的尾巴，全国解放后，曼桢和鸿才离婚，和世钧夫妇一起去东北支援祖国建设，和丧妻的慕瑾不期而遇。整篇小说笼罩在淡淡伤感的氛围中。曼璐是那个不合理的制度下的产物，而曼桢的结局虽不是很悲惨，但她辗转零落的命运让人读来却是满心悲凉，隐隐之中不由得令人发出对命运的慨叹。

曼桢其实是个悲情角色，总是让人对她生出同情之心，而对于真正看故事的人来说更多的也许是共鸣。对于爱情，她大方接受，对于家庭的责任，她勇敢地承担，对于生活的种种磨难，她一直不愿放弃对未来的向往，这样普通却又独特坚强的女人，是生活中最常见的人的代表。

一直都觉得世钧太过懦弱配不上坚强的曼桢。他所爱的人也爱他，想必也是极普通的事情，但是对于身当其境的看来，却好像是千载难逢的巧合。

最后两两相见，泪如雨下。他们为什么哭？曼桢和世钧走进小饭馆的包厢，曼桢想到，过去在家，世钧进屋等她一脱大衣，就会过来吻她。如果从最后一次见面的吵架到现在，这中间没有发生任何事情，没有隔开这么久时间，她就能幸福吗？

当那个憔悴清瘦的男人，像从前一样坐在他面前时，曼桢却只能苦涩地维持着自己的矜持。她向他缓慢的叙述那个由姐姐和鸿才造就的噩梦时，心底却如秋波古井，再也不曾有暗流汹涌喷薄。从前的惊心动魄，早已是风轻云淡。或深或浅的记忆，曾几乎亡梏了她的生命，此刻在那荒凉的底色中，她的语调依旧那么淡定、清晰……

两次相逢，却已在不对的时间。他和她，相对泫然，短暂地话别后，彼此转身，无言地走远，再也不曾回头。过往，在他们身后，垂下缕缕青丝，蓬头垢面着，是没缘分相守的流年。

他们在沉默中听着那苍老的呼声渐渐远去。这一天的光阴也跟着那呼声一同消逝了。

他终于微笑着向她微微一点头。但是他实在不知道说什么好，再也找不出一句话来，脑子里空得像洗过了一样。两人默默相对，只觉得那似水流年在那里滔滔地流着。

整部小说弥漫着一种淡淡的怅然之感，但却没有太多悲伤，有的不过是对生活的无奈，清浅，安静，不会欢喜地笑出来，也不会有激烈的争执与一下子爆发出来的哭声。一切都是淡漠的安然。他与她，不过是生命棋盘里的两颗棋子，在相遇之前，相安无事，然而一旦棋局开始，便不能回头。而棋子，是不该有怨言的。

过往已灰飞烟灭，记忆却永远地驻在了曼桢的骨子里，此生再难磨灭。或许，当她永远地失去了世钧后，她所想要的，便是尽力不去忘记罢。

也许我们每个人都有自己的因缘，然而在宿命的面前，在那个惨烈现实和黑暗人性的操纵下，我们不过是一颗无能为力的棋子，尽由他人摆布，一切的挣扎都会变得苍白，那么的无力。最终也莫过于自我醉眠，强颜欢笑，无奈悲叹，把眼泪和心碎留给别人看不到的自己，去祭奠逝去的爱情！

《十八春》另一个版本叫做《半生缘》，两个故事的内容大致相同，除了《十八春》的结局带有些许的政治色彩，增添了世钧和翠芝带着孩子投奔沈阳，同行的还有曼桢的这段故事。

在张爱玲的所有作品中，我们感受最深的应该是那种荒凉和故事中人物的悲剧性人生。要么是《金锁记》中的曹七巧扭曲的心灵，要么是《沉香屑·第一炉香》中的葛薇龙人生态度三百六十度的转变，她的小说中是鲜有正常的人生和爱情、婚姻的。因此我们必须对《十八春》和随后的《小艾》（1952年同样发表在上海的《亦报》上）另眼相看，因为这两部小说中的人物的感情基本上是完整的、正常的。虽然《十八春》中还有曼璐扭曲的人格，但与主角曼桢坚强和柔韧的性格的比较下，这已经不重要了。

《十八春》连载之后引起读者的热烈反应，她也再次创造了辉煌，被更多的读者所熟识。

在 11 月，中篇小说《小艾》连载。

《小艾》讲述的主要是小艾的故事，女佣小艾自幼被卖进上海的席家，连父母和自己的名字都不记得，饱受老爷太太和其他仆人的欺负。后被老爷席景藩强暴并怀孕，孩子被姨太太忆妃打掉，小艾因此流产并留下病根。小艾后遇见在印刷厂工作的冯金槐，两人情投意合并结婚。然而好景不长，因为抗战的爆发，金槐工作的印刷厂搬到香港，金槐遂跟随去了香港，后辗转多个地方。与此同时，金槐的母亲和兄弟因躲避战乱和地主的盘剥，从乡下逃到上海投奔小艾。小艾流产后的病根发作，但为了养活婆婆一家子，不得已又给别人当女佣。

五四新文化运动以"人的发现"而揭开了历史新的一页之后，中国现代女作家们的创作开始能够真实且极具说服力地反映女性生存状况，并由此产生了"女性意识"。作为对女性生存状态进行了深刻反思和独特探究的女性作家，张爱玲的主要成就在于能够有意识且成功地将女性从男权中心社会剥离，赋予女性对自我更为清醒的认识。对"女子写作"的写作方式的钟爱，使她以女性意识为中心的非主流话语大多脱不了荒凉、孤独、寂寞和无家可归的惆怅，然而中篇小说《小艾》在张爱玲的作品中却是一个异数。小说发表于 1951 年 11 月，此时的张爱玲在新生的共和国感受到了生机勃勃的时代潮流，对融入时代大潮的渴望使她试图改变往昔背离时代主流的写作风格。因此这部小说便少了许多寒冬般的阴冷，而代之以温暖的春天气息，这在张爱玲的作品中是并不多见的。

张爱玲独特的女性主义立场使她在创作中从未停止对女性命运的严肃思考。在新旧交替的时代，张爱玲以冷静的思考深刻解剖了男权中心的社会中生命的畸变。《小艾》依旧是一部为女性写作的小说。身为女性作家的张爱玲深深理解女性的处境，她以悲悯的心态塑造了日益衰腐的旧式家庭中几种不同的女性形象，叙述了她们迥异的人生经历，其中女主人公跌宕起伏的命运更令读者唏嘘感叹。这部作品鲜明地体现了张爱玲小说为世人所称道的"凌厉细腻"的特色，对现实主义手法的倾心令她总是避免徜徉在情感之中，而"只求自己能够写得真实些"。

中国女性作家的创作不再追随以男性为中心的主流文学而过渡到自觉的女性书写，是从张爱玲开始的。张爱玲作品中的主角绝大多数都是凡俗生活中卑微可怜的女性而非才华超群的才女。她笔下的大多数女性虽然也或多或少看到了时代的光亮，其思想意识却仍为男性所控制和支配。小说中的席五太太便是一个令人过目难忘而又可怜可悲的旧时代女性，作家对这个人物的感情显然是矛盾复杂的，既有同情也未免没有哀其不幸怒其不争的批评。

席五太太是丈夫的续弦，又因失去丈夫的眷恋而沦为弃妇，在旧式大家庭里处于既无丈夫爱恋又无子女承欢膝前的尴尬地位，寂寞地度过了无爱的一生。作家在小说的开头用了一段色彩浓厚的文字来衬托她灰色乏味的人生："下午的阳光照到一座红砖老式洋楼上。一只黄蜂被太阳晒成金黄色，在那黑洞洞的窗前飞过。一切寂静无声。"这实在是我们熟悉的"古中国的碎片"之一吧，外面的阳光和风景无论多么绚丽迷人，也不能给生活在阴暗的老式洋房里的席五太太的生活增加一丝色彩。这个明媚的午后她所能做的只是坐在靠窗的地方对着镜子剪当时流行的刘海，可惜这前刘海她也只能再打一年了——明年她就三十岁了，一个女子最灿烂的年华已然结束了。

席五太太不能说不是好人，在大家庭里处处小心翼翼左右逢源，连对老妈子也客客气气的，虽然打起丫头来又是不留情面的。从前姨太太百般刁难她，而当忆妃失宠后她却能不计前嫌，理由是"她现在是失势的人了"。丈夫对她的种种不好都被她用自己的理由淡化了，反正总是别人的错。三从四德的愚忠换来的也只是类似寡妇的弃妇结局。虽然她是五老爷明媒正娶的妻，她在丈夫面前却永远是局促不安的，一会儿觉得自己太胖了，一会儿又觉得头发蓬乱，"脸上滚烫，手指却是冰冷的"。她日复一日地在大家庭里过着寂寞无聊的日子，百无聊赖地养了一大群猫，背着老太太偷偷地打牌，买吃食招待姑嫂妯娌，却没有一个人领她的情。她未尝没有为人妻的温柔敦厚，任凭丈夫怎样胡闹总能一力维护为他开脱，她甚至把丈夫的薄情寡义迁怒于无辜的小艾。本来席家分家之后，她虽然日子过得拮据却也是快乐的。只是这快乐太短暂了，不久他们家因为席景藩在外面欠下巨额债务而被查封财产。她被这巨大的变故击垮了，却还四处求亲友设法救人，岂不知席景藩早已远走高飞。也许她这一生唯一一次对丈夫的哀怨就是在她濒死时不见他来探望，伤心于他丝毫不怜惜夫妻情分，她不知道丈夫已于三年前暴尸街头了。要是知道了又该如何？从一而终的懦弱不会让她感到快意的，五太太凄凉地死于绝望的心碎。

张爱玲对于人生的理解就是卑微的人拼命求得卑微的生存，她笔下的那些女性拼命抓住一切可能的机会只求卑微地活下去。《小艾》中还有另一类女性，即以忆妃和秋老四为代表的风尘女子。她们分别是席景藩在不同人生阶段的心爱的女人，虽然小说中关于秋老四的笔墨很少，然而读者从这寥寥的文字中不难发现她们二人有一个共同点：美丽妖娆，风情万种，聪明乖巧，工于心计，得势时恃宠而骄嘴甜心狠，落魄后也会逢迎阿谀企图收复失地。张爱玲显然对这一类女人是比较熟悉的，在她的回忆里，她父亲身边就不乏她们的身影，而她的青少年时代也曾深受其苦。

这一类女子由于命运的捉弄不幸沦落风尘，成为男人玩物的同时也处心积虑玩弄男人于股掌之中。她们既要不择手段地攫取男人的钱财也要攫取男人的爱，靠取悦男子获得想要的一切。席景藩为谋差事急需钱财时，忆妃怂恿他骗取席五太太的信任接她到南京，把她的值钱首饰哄骗到手之后就想快些打发她走。这位骄横跋扈的姨太太故意让席五太太住西屋而自己住东屋，因为有"东太后"和"西太后"的分别。表面上她与席五太太姐妹相称，一团和气，吃饭看戏如影随形，实际上不过是利用席五太太的软弱可欺来达到自己的目的。当得知席五太太的丫头小艾将要生下老爷的孩子而威胁到自己的地位时，她终于撕下虚伪的面纱露出凶残的本性，当着众人的面毒打小艾甚至扬言要卖人，完全是有恃无恐的嚣张，这一幕也重新演绎了王熙凤对付尤二姐的手段之狠。忆妃失去了美貌和宠爱之后又能放下架子，不惜笼络五太太，企图夺回失去的江山，不料机关算尽终无济于事，只好失意地回到南京。

席景藩既已死去，秋老四便不肯张罗他的后事，毕竟这是浪费钱财的事，他此时对她不再有任何价值。在男性统治的社会里，她们同样是可怜不幸的女子，她们低贱的出身使得她们比普通女子多了些许算计和精明，也平添了为达目的不择手段的刁钻和恶毒。

张爱玲的笔下有许多在社会重压下苦求生存的女性。她们在与生存状态抗争的过程中显示出了强大的生命力和顽强的意志，对生的依恋使她们毕生努力求得安稳和自由。张爱玲在这部作品中以饱含深情的笔触描写了一些社会底层女性的挣扎与憧憬，如陈家阿姐和阿秀这样勤劳善良的女性，她们在艰难的日子里互相安慰互相扶持，她们身上体现了中国传统女性善良、坚韧和富有自我牺牲的精神。当然《小艾》中最光彩照人的人物形象还是主人公小艾，张爱玲在其身上倾注了满腔的同情，这个人物已具有了新时代女性的特点。

小艾六七岁上被卖到了席家时连姓什么和年龄都不知道，更别提父母和家乡的情况了。那样小的一个女孩子，"看上去至多不过七八岁模样，灰扑扑的头发打着两根小辫子，站在那里仿佛很恐惧似的"。这种恐惧一直持续到她最后离开席家的十几年。这漫长的岁月中等待她的是无穷无尽的折磨和欺凌，她反抗的唯一方式就是沉默。她厌恶席五太太给她取的"小艾"这个名字，因为别人叫起她来总让她感觉是恶声恶气的。在那个梦魇般的夜里，小艾被五老爷席景藩无耻地凌辱了，从黑夜里传出的凄惨呜咽是那么让人毛骨悚然。那个人平时对她就很凶，那个下午还打过她。而真正让她完全绝望的是当她触到五老爷冷冷的目光时，发现他就像不认识她一样。这对于小艾是一个巨大的刺激，"仿佛凭空给人打了个耳刮子"。她此刻痛苦地知道自己在别人的眼里甚至连猫狗都不如。所以当五老爷嫌手巾不够热而丢到地上时，她把生着冻疮、红肿的手浸到热水里时已感觉不到疼痛，似乎那疼痛是别人的。

　　小艾慢慢长大后开始恨父母让她在幼小的年龄就"生活在一个敌意的环境里，人人都把她当做一种低级动物看待"，无论是谁都可以把她当出气筒而任意践踏她。随着她对于这吃人的社会逐渐多了一层认识，渴望作为一个人的愿望变得如此强烈，这时她认为只有嫁人才是离开席家最好的办法。幸而她遇到了冯金槐，他的出现是小艾与从前苦难岁月的分水岭。从此有了对金槐不必做工的红色星期日的期待。此前她的生活是阴郁的灰白色，现在终于有了一点温暖甜蜜的亮色。于是日历上的每一天差不多都停留在红色的星期日，她渴望这一天早早到来，又不愿这充满希望的一天过去。在这之前，她没有爱过别人，也不知道爱情是什么。然而当她看见对面屋顶上那个坐着看书的青年时，爱情的种子便在她满是疮痍的心里生根了。于是她有了憧憬，当然也有了怀疑和忧虑：两个星期后屋顶上出现一件女人的衣服时她简直要绝望了，以为那青年必定是娶妻了，幸亏是虚惊一场。她终于有了自己的名字——"冯玉珍"，金槐为她取的这个朴素的名字中蕴含了意味深长的责任和希望，他会毕生保护他的女人。婚后的小艾虽然住在低矮黑暗的阁楼里，但她的心情是明快舒畅的。因为"对于大多数的女人，'爱'的意思就是'被爱'"。有爱的人生是温暖和煦的春风拂过心田。虽然也有过浮生若梦的感觉，不过她从未畏惧退缩过。与金槐夫妻分别的数年间，她做女佣，跑单帮，甚至以病弱的身体背米赚钱，含辛茹苦照料丈夫一家人而没有怨言。日子尽管过得艰苦，但是现在谁都把她当做一个人来看了。她收养了陈家阿姐的女孩子，她疼爱这个生着招风耳一点儿也不漂亮的孩子，这未尝不是对自己不幸童年的一种补偿。

　　在小艾朴素的想法里爱国似乎离她还很遥远，只有现实的柴米油盐是最切近的事。当她看见有根囤货发财时心中也有一些忿忿不平，觉得平日她与金槐吃苦受累总没有出头之日，"爱国，爱国，这国家有什么好处到我们穷人身上"。她想人生一世草木一秋，也该过几日舒畅的日子，于是打定主意辞了女佣的工作而去跑单帮。想过上好日子不再看有钱人的眼色讨生活，这是一个社会底层备受压迫的女子平凡朴素的愿望。等到带给她噩梦的仇人席景藩死去的消息传来时，小艾一下子觉得世界广阔了许多。旧世界彻底消亡了，他们迎来了属于自己的新时代，从此笼罩在小艾生活中的阴霾一扫而光，美丽生动的未来岁月的画卷正在她面前徐徐展开。那些从前悲惨的往事渐渐恍如隔世，也许以后她会讲给自己的孩子听。

尽管海派小说的突出特点是以常人的世俗生活作为独立的写作领域，叙述与历史、国家、民族意识不相干的俗人生活。然而在时代潮流的感召下，张爱玲在《小艾》中对解放前夕上海的社会现实也有真实的反映，再现了国民党撤退前上海经济的凋敝，物价飞涨，民生困苦，怨声载道。物价涨成了天文数字，人们一拿到工钱就抢着买米买柴。更有一段令人忍俊不禁的情节：孙家买了许多咸鱼囤积，没想到国民党提前撤退，害得他们家解放后连吃几个月的咸鱼。作家对新生的共和国充满了希望和憧憬，黑暗的时代终于过去了，人民真正成了国家的主人，到处是欣欣向荣的景象，百废待兴的土地上播种着希望的种子。小艾们悲惨的故事结束了，在崭新的时代里她们将和新中国的女性们共同撑起一片天空。中国女性终于从囚禁了她们数千年的牢笼里挣脱出来了，从此可以作为一个"人"来实现女性的价值，这是小艾们的幸运，也是张爱玲的愿望。

尽管张爱玲本人表示，"我非常不喜欢《小艾》"，但不能否定的是，这仍然是一部可读性很强的作品，有完整的故事情节，有血肉丰满的人物形象，更有鲜明的时代气息，蕴藏着深邃的生命哲理和时代内涵。尤其值得注意的是，这或许可以说是张爱玲的所有小说中最贴近读者的一部。作家不是以冷静的旁观者态度来俯瞰红尘中的芸芸众生，而是试图走近他们，关注他们的情感和灵魂深处的挣扎。小说里的有情人不再在时间的旷野里怅惘地擦肩而过，写了许多凄凉爱情故事的张爱玲终于肯让她笔下的一对青年男女得以欣慰地相携，执子之手，与子偕老，读者终于可以欣慰地看到了光明。张爱玲以这部构思精致的小说诉说了一段新市民传奇故事，表达出对时代大潮中女性命运浮沉变迁的关注，并从女人的角度探讨和追求作为人的女性的意义和价值。

年少的成名，既给她带来荣耀，也给她带来困扰，而这也是导致她离开上海最直接的动因。在抗战期间辉煌的声名，这是她心里最大的隐忧，在1946年出版的《〈传奇〉增订本》的"序言"里她这样为自己表白：

> 我自己从来没想到需要辩白，但最近一年来常常被议论到，似乎被列为文化汉奸之一，自己也弄得莫名其妙。我所写的文章从未涉及政治，也没有拿过任何津贴。想想看我唯一的嫌疑要末就是所谓"大东亚文学家大会"第三届曾经叫我参加，报上登出的名单内有我；虽然我写了辞函去（那封信我还记得，因为很短，仅只是："承聘为第三届大东亚文学者大会代表，谨辞。张爱玲谨上"），报上仍旧没有把名字去掉。
>
> 至于还有许多无稽的谩骂，甚而涉及我的私生活，可以辩驳之点本来非常多。而且即使有这种事实，也还牵涉不到我是否有汉奸嫌疑的问题；何况私人的事用不着向大家剖白，除了对自己家的家长之外仿佛我没有解释的义务。所以一直缄默着。同时我也实在不愿意耗费时间与精神去打笔墨官司，徒然搅乱心思，耽误了正当的工作。但一直这样沉默着，始终没有阐明我的地位，给社会上一个错误的印象，我也觉得是对不起关心我的前途的人。……反正只要读者知道了就是了。

辩白归辩白，事实总是在的，在激愤的民族情感里这是难以被原宥的错误。而且当时全国的政治气氛又是那样浓烈而紧张，连夏衍也是心有余而力不足。当夏衍知道张爱玲离开上海，一片惋惜之情，但他未置一词。这个温情的左翼领导人一直喜欢张爱玲的作品，调到北京当文化部副部长以后还嘱托柯灵在上海书店的书库里购了《传奇》和《流言》寄给他。张爱玲到香港以后，夏衍又曾托人带信给张爱玲的姑姑张茂渊，希望张爱玲能为《大公报》、《文汇报》写点文章，可是姑姑说，张爱玲离开上海前，两人曾约好互不通信，所以无从通知起。

1952年，张爱玲赴港，理由是继续因战事而中断的学业。她永远是世事洞明，人情练达之人，从赴港时她对新政府的态度中也可见一斑。她曾有这样一段临行絮事：离开上海的前夕，检查行李的青年干部是北方人，但是似乎是新来的，来自华中一带开办的干部训练班。张爱玲唯一的金饰是五六岁的时候戴的一副包金小藤镯，有浅色纹路，棕色粗藤上镶着蟠龙蝙蝠。他用小刀刮金属雕刻的光滑的背面，偏偏从前的包金特别厚，刮来刮去还是金，不是银。刮了半天，终于有一小块泛白色。他瞥见张爱玲脸上有点心痛的神气，便道："这位同志的脸相很诚实，她说是包金就是包金。"她从来没听见过这等夸语。自问确是脂粉不施，穿着件素净的花布旗袍，两三个月前到派出所去申请出境，也是这身打扮。警察一听说要去香港，立刻沉下脸来，仿佛案情严重，就待调查定罪了。张爱玲说：幸而调查得很不彻底，不知道我是个写作为生的作家，不然也许没这么容易放行。一旦批准出境，那青年马上和颜悦色起来，因为已经是外人了，地位仅次于国际友人，像年底送灶王爷一样，要灶王爷"上天言好事"，代为宣扬中共人民政府的亲切的体贴。

话语的讽喻性是有目共睹的。但还不刻骨，因为有对中国大众理解后的善意，就像她说她的好友苏青："她的讽刺并不彻底，因为她对于人生有着太基本的爱好，她不能发展到刻骨的讽刺。"她深谙每一颗可笑的心背后的可怜，"因为懂得，所以慈悲"。

懂得太透，是没有罗曼蒂克的。对于什么都是一样的道理。只好，她选择离开，离开这片她深爱的土地。上海已经待不下去，而台湾也非理想之地，五六十年代台湾那种严峻的政治气氛恐怕同样不适合张爱玲这样的人。因而，她选择了香港，那里有她很多的回忆。后来，她连香港也放弃了，去了大洋彼岸——一个没有中国政治影响但比谁都更关注中国的地方。

她走了，在她后来四十三年的生命里，她去了很多地方，可再也没有回到过这里。

第七章

再回香港沉寂岁月
1952—1955

　　张爱玲的才情是纯中国式的，只有自己人——中国人才能揣摩她的话里有话；她的传奇只有在中国才能成就，不幸成就于乱世。但适逢乱世，又是她的幸运，因为偌大的文坛哪个阶段都容不下她。所以她的背景是荒凉，不管前台多么热闹绚烂；她急急地赶路，孜孜地忙碌，就是因为思想里一直有这惘惘的威胁。在香港，张爱玲并不为人们所熟知，也没有读者欣赏她的才情，而由于抗战，港大学生资料丢失，她也复学无望。

　　在香港，沉寂的岁月里，她只能靠做翻译来维持生活。1952年张爱玲离开上海重返香港，1953年，三十二岁的张爱玲在香港通宵达旦、激情难抑地开始创作《秧歌》与《赤地之恋》，事实上是再度以英文开启自己第二次"孤岛"文学生涯。在同时游走于中英两个世界时，其"反高调"以至"平淡而接近自然"之境的最终获得竟然如此奇异："最初我也就是因为《秧歌》这故事太平淡，不合我国读者的口味——所以发奋要以英文写它。"由此才有英文翻译而来的《秧歌》那达到极致之美的现代汉语，和在这真正"新"的语言中存在的，富有"中国人"的尊严的"农民"。投入美国驻港新闻处，《秧歌》正是她写的第一个长篇——一个有着明显"绿背"（即美元）色彩的长篇。这部长篇小说是张爱玲到香港后以 Eileen chang 为笔名发表的，最初是写给英语圈的读者看的，后来翻译成中文。

《秧歌》写的是土改后的江南农村社会，侧重讲的还是女人的故事，叙事也是用女性视角来叙述的。时间在 1950 年到 1952 年之间，故事发生在一个典型的上海周边村落，有水道和铁路连接着上海，与繁华的上海滩相比，这里简直就是人间地狱。一脚踏进小镇就闻到露天茅厕发散的臭气，"走过这一排茅厕，就是店铺"，两者相连着，不分彼此，街市肃杀之余，连脏水也似乎要"泼出天涯海角，世界的尽头"，"每一爿店里都有一个杀气腾腾的老板娘坐镇着……使过往行人看了很感到不安"。还有"李丽华、周曼华、周璇，一个个都对着那空空的街道倩笑着。……更增加了那荒凉之感"，"太阳像一只黄狗拦街躺着。太阳在这里老了"。小说叙事就在这样一种末日般哀颓、凄伤场景中上演了，气氛极具阴魅感，人还没有出现，但"倩笑"与"荒凉"的阴界感觉已经氤氲出来。

《秧歌》是一部人的身体和灵魂在暴政下面受到摧残的记录。《秧歌》也证明张爱玲留意观察变革中乱世社会，并把握其本质，用人道关怀的"大我"境界直面人生的残酷悲剧，将渺小如金根、月香之类的人物最后被投入绞肉机的过程做了回访式的展露，对秧歌原生意象的剥离，淋漓尽致地呈现了另一种"死亡之舞"，有着入木三分的玩味。

对于 20 世纪 50 年代张爱玲在香港写作的长篇小说《秧歌》，海内外学术界有着截然相反的两种评价：其一，是以柯灵为代表的国内学者，对于《秧歌》的评价基本上贬多于褒。柯灵曾著文批评道："她的《秧歌》和《赤地之恋》，我坦率地认为是坏作品……致命伤在于虚假，描写的人、事、情、境，全都似是而非，文字也失去它原有的光采……事实不容假借，想象需要依托。张爱玲一九五三年就飘然远行，平生足迹未履农村，笔杆不是魔杖，怎么能凭空变出东西来！"其二，则是以夏志清为代表的港台及海外学者，对于《秧歌》毫不吝惜溢美之词。夏志清在他的《中国现代小说史》中专辟一章节来论述张爱玲及其文学创作，其中接近一半的篇幅是在解读、剖析《秧歌》这部作品，更将其誉为中国小说史上的"不朽之作"。夏志清说："张爱玲的《秧歌》英文版，一九五五年春季在美国出版，一般报纸都给予好评。《秧歌》作风严谨，销路当然比不上同时期以中国为背景可是更迎合大众趣味的两本小说。除了报界的好评以外，美国文坛对这本书似乎不加注意。《秧歌》真正的价值迄今无人讨论，作者生平和她的文学生涯，美国人也无人研究。但是对于一个研究现代中国文学的人说来，张爱玲该是今日中国最优秀最重要的作家。《秧歌》在中国小说史上已经是本不朽之作。"

近年来，张爱玲的遗稿、残稿重见天日，而张爱玲与朋友间零散的通信也被悉数整理成册。这批珍贵的史料浮出历史，为纠正以往研究中的谬误、填补以往研究中的空白提供了契机。结合这批新近发现的史料反观柯、夏二人对于《秧歌》的评价，不难发现，关于《秧歌》的这两种迥异的声音都有失偏颇。

由游记散文《异乡记》反观《秧歌》中的农村描写，柯灵以张爱玲"平生足迹未履农村"为由，因而断定《秧歌》与《赤地之恋》中关于农村的描写都是虚假的。这一推断，如今显然已站不住脚。2010 年 4 月，张爱玲生前未完成的游记散文《异乡记》从其遗物中被发掘出来。据推测，这部作品是张爱玲于 1946 年初由上海前往温州乡下寻找胡兰成途中写就的札记。《秧歌》中一些关于农村风土人情的描写，正是从《异乡记》里移植而来，有些甚至是原封不动地照搬，如《秧歌》开场写乡下的店铺：

> "差不多每一爿店里都有一个杀气腾腾的老板娘坐镇着，人很瘦，一张焦黄的脸，头发直披下来，垂到肩上；齐眉戴着一顶粉紫绒线帽，左耳边更点缀着一颗孔雀蓝的大绒球——也不知道是什么时候兴出来的这样的打扮，倒有点像戏台上武生扮的绿林大盗，使过往行人看了很感到不安。

类似的段落也见于《异乡记》中：

> "这一带差不多每一个店里都有一个强盗婆似的老板娘坐镇着。齐眉戴一顶粉紫绒线帽，左耳边更缀着一只孔雀蓝的大绒球——也不知什么时候兴出来的这样的打扮，活像个武生的戏装。帽子底下长发直披下来，面色焦黄，杀气腾腾。"

又如《秧歌》里写金根春年糕：

"金根两只手抟弄着一只火烫的大白球，有一只西瓜大。他哈着腰，把球滚来滚去，滚得极快，唇上带着一种奇异的微笑，全神贯注在那上面，仿佛他所做的是一种最艰辛的石工，带有神秘意味的——女娲炼石，或是原始民族祀神的雕刻。"

在《异乡记》里同样有如出一辙的叙述：

"……这一头站着一个长工，两手抟弄着一个西瓜大的炽热的大白球，因为怕烫，他哈着腰，把它滚来滚去滚得极快，脸上现出奇异的微笑，使人觉得他做的是一种艰苦卓绝的石工——女娲炼石，或是原始民族的雕刻。"

小说描写了中国土地改革时期农村的景象，通过主线和副线勾连全文。主线描述某个乡村村民金根、月香夫妻以及周边人物为解决饥饿和抵制生活中高压言论而表现出辛酸的机智、恐惧的谨慎。另一方面则是代表工作组的王霖同志为完成上级任务而采取各种手段催缴农民的粮食和金钱。最终两方代表在志愿军军属"自动"送猪肉和年糕的事件中，矛盾激化，最终演变成一场生死战。金根被强定位反革命，为避免连累家人而投河自杀；他们的女儿在混乱中被人群踩死；月香复仇放火烧了粮仓，自己也投入了火中。副线则通过电影编剧顾冈这个具有小资产阶级温情主义的人物展开。根据作家组织的要求，顾冈下乡体验生活。他力求写出土改时期欣欣向荣的景象以及对典型人物的报道。而现实结果是他将所有最真实最有震慑力的材料瓦解支离，架空故事，写了一部虚假却合乎上级口味的剧本。

而《秧歌》中金根与月香这对夫妇的形象，其雏形也早已出现在了《异乡记》中。由40年代写就的游记散文《异乡记》与50年代创作的长篇小说《秧歌》部分篇章的对照中可知，张爱玲在由上海前往温州乡下寻找胡兰成时，曾涉足并暂住过农村。《秧歌》中关于农村的风光山色与日常生活的描述，也多半是以这段经历为蓝本。因而，当中的"人、事、情、境"非但不似柯灵所驳斥的那样凭空捏造，却恰恰是有本可依、有迹可循的。《秧歌》中简陋的茅厕、荒凉的店铺、凶神恶煞的老板娘、挑着担子卖黑芝麻棒糖的商贩、精明而贪便宜的大娘以及勤劳而淳朴的农人，都确有其事，也确有其人。张爱玲不过是从自身的生命体验与生活经验出发，将这些零碎而散乱的素材进行了二次处理、二次加工，拼贴进了《秧歌》的故事中。"致命伤在于虚假"一说，由此也就不攻自破了。

如果我们继续将游记散文《异乡记》与长篇小说《秧歌》进行比较，遂能发现，夏志清对于《秧歌》的解读与剖析也多有牵强附会之处。夏志清分析道，张爱玲在《秧歌》中刻意使用了一些阴森而鬼魅的意象，来暗讽共产党的统治："……她更经常的把凄凉的农村，写成一种梦魇式的可怕的鬼域。她借用了中国神话和古老传说，把里面离奇的景象复印到死亡和饥荒笼罩之下的现实世界上面去。全书的头两页描写农村的污秽和荒凉，她的手法就超过自然主义纯客观的写法……""张爱玲在这本小说里，用鬼怪幻觉来暗射共产党，实在是有一种很适当的讽刺的意思。"为了证明这种分析的合理之处，夏志清列举了若干带有"阴森森的鬼气"的片段：如路旁的一个女人倒了一盆脏水，"像是把一盆污水泼出天涯海角，世界的尽头"，又如店铺里售卖的牙粉纸袋上的明星照片，"一个个都对着那空空的街道倩笑着"。

如果单论这些片段，似乎确如夏志清所言，有刻意为之的嫌疑。然而，当我们将它们与《异乡记》里某些段落一一对号入座，便不难发现，这些有着"阴森森的鬼气"的片段，同样也是脱胎于张爱玲从上海到温州沿途的所见所闻之上：

> "这边的肉店里出来一个妇人，捧着个大红洋瓷面盆，一盆脏水，她走过去往墙外一泼。看了吓人一跳——那外面虚无飘渺的，她好像把一盆污水倒到碧云天外去了。"

> "靠门却有个玻璃橱，里面陈列着装饰性的牙膏牙粉。发夹的纸板，上面都印着明星照片。在这地方看见周曼华李丽华的倩笑，分外觉得荒凉。"

《异乡记》描写的是20世纪40年代的农村，共产党尚未执政，新中国也尚未成立，张爱玲当时所写下的这些片段，自然是不沾染任何政治色彩，也不秉持任何政治立场的。张爱玲自身的生活经验相当狭窄，对于农村的风土人情也相当陌生，在文学创作上又自称是"拘泥"。凡事没有亲眼目睹，写起来便会"心虚"。因此，当《秧歌》的写作涉及乡村风物的描写之时，便也只能从唯一记录了农村风貌的《异乡记》中寻找素材了。故而《秧歌》开场直接引述《异乡记》中部分篇章，写乡村的破败与荒凉，至多只是为整个故事铺上了一层苍凉、黯淡的底色，并没有讥刺或攻击共产党的统治的意思。毕竟，这些段落本来描写的是建国前的农村，是尚在国民政府统治下的农村。

夏志清将《秧歌》定性为"反共文学"，因而以"反共文学"的眼光来审视《秧歌》中的种种描写，赋予一般性的风物摹写以浓厚的政治意味，与张爱玲的创作初衷相悖，可称得上是一种误读。

虽然柯、夏两位学者对《秧歌》的评价大相径庭，但却不约而同地将它划为"反共文学"，其后的批判或赞誉，均指向了作品的政治立场，而忽视了作品本身的故事内容与艺术手法。对此，张爱玲显然有些失望，她在写给胡适的一封信中提及："您问起这里的批评界对《秧歌》的反应。有过两篇批评，都是由反共方向着眼，对于故事本身并不怎样注意。"再者，张爱玲对于政治的态度一向疏离且冷淡，甚至可谓懵懂，这与其成长氛围有脱不开的干系：父亲是封建遗少，不问世事，母亲与姑姑虽是接受过西方现代教育的新女性，但也没有什么明显的政治倾向；少年时就读于上海圣玛利亚女校，后就读于香港大学，两所学校均奉行精英教育，与时事、政局都保持着相当的距离。因此，张爱玲虽生于乱世，但相对于一腔热血地投身于革命或运动，更倾向于冷眼旁观"不相干的事"。这也致使当40年代的文坛流行书写革命、战争、政治题材时，张爱玲却屡屡回避，只专心书写那些男女间曲折离奇、急管哀弦的爱情故事。

当时移世易、政权更迭，一向对"乱世"心怀悲惘的张爱玲恐怕是疑惧多于抵触。故而在新中国成立初期，面对新政权下"一体化"的文学规范，张爱玲也尝试过靠拢，为此在《十八春》中引入了如"新中国""新社会""为人民服务"之类明显带有时代色彩的措辞与叙述，尽管略嫌生硬，但至少"很识得'眉眼高低'地为那个苍凉的故事加进了一点保护色"，甚至还尝试写了《小艾》这样一个先前自称不会写的"无产阶级的故事"。50年代初，张爱玲来到香港，置身于相对自由的文学创作氛围中，不再受到束缚，此时写就的《秧歌》，恰是承继了张爱玲此前在文学创作上疏离政治、冷淡政治的态度，艺术手法上"参差的对照"的写法，呈现出了与《十八春》、《小艾》这样的作品截然不同的风貌。

最后，不妨也考察《秧歌》的"故事本身"。正如胡适所言，整个故事从头到尾，写的是"饥饿"……透过"土改"之后农民一如既往贫穷而清苦的生活片段，人性中的弱点越发地凸显出来：金根的妹妹金花因婆家贫穷，不得不回来向金根夫妇借钱，月香拒绝了，并因害怕金花怀疑，只用稀粥来招待金花，以显示自己的生活也是一贫如洗；城里来的知识分子顾冈从镇上买糕点回来躲在房里偷偷充饥，尽管他见到了女孩阿招眼馋的可怜相，却依然硬着头皮、厚着脸皮、若无其事地继续吃独食；金根被视为村里暴动的罪魁祸首，身受重伤，连夜逃亡，月香求金花收留，金花却担心惹祸上身，罔顾兄妹情谊，并找出诸多借口来为自己开脱……在利益冲突与生死抉择面前，从来自城市的、改造中的小资产阶级知识分子顾冈，到居住在农村的无产阶级金根、月香、金花、谭大娘等，再到村干部王同志、费同志，不同的阶级、不同的身份、不同的遭遇，却都有着相近的自私、凉薄与冷漠。这些阴暗的心理是超越了意识形态范畴的。故事虽然发生在"土改"前后，然而"土改"却并不是导致故事中人与人相互猜疑、相互算计，乃至于疏离、背叛的根本原因，换言之，在任何一种政权、社会或年代，这样的故事都有可能发生。"土改"不过是《秧歌》这个故事的一抹底色，正如香港的战火纷飞与硝烟弥漫是范柳原与白流苏爱情的底色，腐朽没落的大户姜家是曹七巧及其儿女的生命悲剧的底色一样。张爱玲之意，并不在于批判"土改"这项政策，或是对于新政权进行诋毁或污蔑，而在于一如既往地呈现给读者其最熟悉也最擅长书写的人性百态与微妙心理。

综上，无论是从张爱玲自身对于《秧歌》的态度着眼，还是从张爱玲一向的政治观出发，或是从《秧歌》的"故事本身"考量，以"反共"来形容其写作《秧歌》时秉持的政治立场，以及将《秧歌》划为"反共文学"，都是不够妥当的。

从 40 年代毛泽东《在延安文艺工作座谈会上的讲话》，到建国初期第一、二次文代会的召开，再经过接踵而来的多次批判运动与整风学习，文学从属于政治的地位最终被确立。并由此衍生出了一系列文学规范，它们在相当长的一段时间内影响了国内的文学创作、文学批评、文学研究的路向、方法与衡量标准。这也使得《秧歌》的文学接受在国内呈现出尴尬的局面：学术界多年来视其为"反共文学"，并沿袭了柯灵未经考据的"张爱玲平生足迹未履农村，故而《秧歌》的农村书写乃是虚应故事"的说法，出版商亦对此作品讳莫如深，不予发行。

20 世纪 50 年代，美国"反共"之声甚嚣尘上，当时夏志清作为移居美国的中国学者，曾作为美国著名的"反共"政治学家 David.N.Rowe 的研究助手，并开始撰写向西方读者介绍中国现代文学的入门书籍。受周边政治氛围的影响，夏志清对于"反共"倾向的文学作品多热心推介，张爱玲的《秧歌》因涉及"土改"后的乡村生活，也被纳入夏志清的研究视野中。换言之，夏志清对于《秧歌》的解读，是与他自身的政治立场是有着密不可分的联系的。

由此可见，无论是柯灵关于《秧歌》"致命伤在于虚假"的批评，还是夏志清对于《秧歌》牵强附会的误读，两种迥异的声音，都是在意识形态先行的基础上发出的。在越来越多的研究者呼吁重塑文学创作、文学批评与文学研究的独立品格的今天，对于张爱玲《秧歌》这部作品的文学价值，确实有撤除意识形态领域先入为主的成见来进行重新估量的必要。

1955 年的一个深秋的黄昏，张爱玲乘上"克利夫兰总统号"离港赴美，送别她的只有宋淇夫妇。她的心情与上次离港时是截然不同的。那时候，她正年轻，对未来生活充满了美好的憧憬，回去的又将是她所熟悉的上海。而这一次，张爱玲是以"难民"的身份远走异国他乡。新大陆，陌生的环境，没有亲人，前途未卜。"黯然销魂者，唯别而已矣。"去国千万里，何日是归期？！

凄冷的秋风，吹起了爱玲深黑色旗袍外深黑色的长丝巾。她强忍着泪水，与宋淇夫妻挥手互道："再见！珍重！"彼时情境，正如中国古诗中"浔阳江头夜送客，枫叶荻花秋瑟瑟"之景。望着越来越远的维多利亚海湾，望着越来越远的故国，张爱玲的心头不禁一片黯然。小小客舱啊，"载不动，许多愁"！船到日本，她在给宋淇夫妇的六页长信中写道："别后我一路哭回房中，和上次离开香港的快乐刚巧相反，现在写到这里也还是眼泪汪汪起来。"作为张爱玲好友的宋淇夫妇读罢此信，感念从此与故人天涯两端，也不禁伤怀。

第八章

异国初遇执子之手
1956—1967

　　张爱玲乘坐的船是在美国旧金山入境的，入境之后，张爱玲乘轮船驶向旧金山的 50 号码头。停留不久，她就马上乘火车到纽约去，好友炎樱在那儿等她。风雨故人来，遇到炎樱，在这初到异国的寒夜里，多少让张爱玲觉得有些欣慰。在纽约，张爱玲也见到了一个她非常想见的人，那就是胡适。胡适对于张爱玲的文学之路有着很大的影响。早在 1954 年在香港时，张爱玲就把《秧歌》寄给胡适，另外附有一封短信，大致是说希望这本书有点像他评《海上花》的"平淡而近自然"。而胡适也给她亲笔回信，对其点评。三年后，张爱玲申请到南加州亨亭顿·哈特福基金会去，还写信请胡先生作保。胡适答应了，顺便把那本《秧歌》寄还给爱玲。此书经他通篇圈点过，他还在扉页上题字。张爱玲看了，感动得说不出话来。

　　1956 年 2 月，转眼间张爱玲来美国已经四个月了。但是，她的生活还是没有多大起色。她的英文小说《秧歌》销路平平，没有再版，并未给她带来多少经济收益。她又没有什么新作出版。作为一个职业文人，这无疑会给她带来经济上的窘迫。于是，张爱玲不得不另谋出路。她向位于新罕布什尔州彼得堡的麦克道威尔文艺营提出了居住的申请，张爱玲请她的代理人玛莉·勒德尔 (Marie Rodell) 作保，又找了司克利卜纳出版社的主编哈利·布莱格和著名小说作家马昆德做她的保证人。不久，她的申请就被通过了。

经过几年动荡漂泊的生活，张爱玲终于短暂地有了这么一个"洞天福地"般的写作环境，当然是备感欣慰的。她希望能在这里写出她继《秧歌》后的第二本英文小说。她打算写的是小说《金锁记》的展开本，暂定名为 Pink Tears（《粉泪》）。她希望能借此书的出版发行，在美国文坛占有一席之地。而在这里，他也认识了赖雅，3 月 13 日，他俩第一次见面，便有"相逢何必曾相识"之感。这以后，便相见日欢，谈文学，谈文化，谈人生，谈阅历，越谈越投缘，于当年的 8 月 18 号，也就是在相识的半年之后，他们在纽约结了婚。

婚后，他们一起畅游了纽约。在这"蜜月旅行"里，张爱玲终于有了一种"归家"的感觉，尽管这个家只是暂时租来的。但是，对于从小缺少家庭温暖，又在外漂泊多年的张爱玲来说，这一天她盼望得已经太久太久。

1957 年 1 月，张爱玲发表小说《五四遗事》。

作为 40 年代的作家，张爱玲没有直接参与轰轰烈烈的五四新文化运动，可是深受五四启蒙精神的影响，她于 1958 年发表的《五四遗事——罗文涛三美团圆》就是一篇关于五四知识青年婚恋题材的短篇小说。通过细读文本，我们可以分析出小说以一种反讽的姿态消解了五四启蒙，为我们理解五四启蒙运动提供了新的启示。

在现代文学前两个十年中，现代作家创作了大量的五四婚恋题材的小说，采取的叙述模式基本上是新旧势力的激烈斗争，即从受新思潮影响的知识青年为追求恋爱和婚姻的自由和具有封建旧思想的专制家长的冲突中展开，总之矛头指向的是旧道德、旧思想。而张爱玲的《五四遗事——罗文涛三美团圆》在一定程度上突破了这种叙述模式，故事发展一波三折，对五四启蒙运动进行了讽刺。

小说题目采取的是主副标题形式，一主一副正好对应了小说两部分。因受五四运动启蒙，知识青年罗文涛为了追求在自由恋爱基础上的新式婚姻，打了长达十一年的官司，和密斯范终成眷属。如果按当时小说的模式，小说已完成了五四爱情神话的胜利书写。然而小说在此处"逆转"，在朋友的劝说下，罗文涛重新把原来的两个妻子接了回来，过上了一夫多妻的旧式婚姻生活，也就是张爱玲所谓的"三美团圆"生活。当五四爱情和传统爱情同时上演，最终却以传统爱情取胜落下帷幕，不仅说明了五四时期新旧势力在斗争中夹杂着互相妥协，更是对五四运动进现出的个性追求、爱情神话的嘲讽。

罗文涛虽受五四精神引导，追求自由婚姻，然而他没有自由恋爱的信仰，就像他决定与第一个妻子离婚的原因不是因为他深爱密斯范，只是一种行动上的盲目，一种自我奋斗的陶醉，"觉得他已经献身于一种奋斗"，也是男人征服感的驱使。罗文涛与王小姐的结合，也纯粹是由于密斯范与当铺老板约会，并且他凭的是媒妁之言，娶的是貌美娇妻，完全是传统婚恋。试问新青年恋爱自由的精神何在？想必体现出的是罗文涛的自私、虚荣。当第一次离婚的决定遭到旧家庭势力的强烈反对时，罗文涛也不积极地努力，而是选择离家出走这种逃避的方式，采取消极的拖延战术。可见，具有新思想的青年罗文涛没有与旧势力斗争的决绝和勇气。当罗文涛与密斯范在湖上相遇时，其内心又燃起了激情，为了在一起，又投入到长达五年的离婚战争中。然而，故事的结局却是罗文涛因与密斯范赌气，接回了王小姐；又因"不公平"的舆论，接回了原配妻子。罗文涛在这场新旧势力交战中的不决绝，对自由婚姻的不真诚，显示出他的世俗性，在无形中讽刺了五四启蒙精神和爱情神话。

无独有偶，密斯范这个人物形象也构成了对五四启蒙的反讽。在小说开始，密斯范是个接受新式学校教育、受新思潮影响的新女性形象，具有五四新青年特有的气质。然而随着故事的发展，这种理想化形象也渐渐消逝。当罗文涛的第一次离婚拖了六年之久时，密斯范在家人的安排下相了亲。作品中没有明确指出是密斯范的主张，但她去赴约，对爱情的不笃定不言而喻。当与罗文涛在湖上相遇时，为了和他在一起，密斯范仍努力保持着秀丽的面貌，对自己的发式与服装都缜密地研究。在这里，我们看不到那个新女性形象，看到的只是为了世俗利益而奋斗的女人。尤其是成功嫁给罗文涛后，密斯范完全成为了一个邋遢又懒惰的女人，新女性的光环完全消失掉，和传统的传宗接代的女性又有什么本质区别呢？

五四新文化运动，宣传新思想、新文化，主张个性解放，追求恋爱和婚姻的自由。然而，在罗文涛和密斯范身上，这种五四启蒙话语下诞生的"自由恋爱"、"不自由毋宁死"等观念以及新女性、知识青年的理想形象渐渐被消解殆尽，暴露出的是平凡人物的世俗性，是那种思想深层的矛盾，也是在新旧文化的冲突中思想与行为的背离。

小说在开始就点出社会大环境——1942 年这是深受新思潮影响的年代，也是戴眼镜开始成为时尚时，然而戴眼镜的不仅有女学生，还有交际明星和新嫁娘，甚至还有咸肉庄上的妓女。五四启蒙主张的个性张扬却成了一种盲目的跟从，连地位最卑贱的妓女都戴上了眼镜冒充女学生，这让我们不禁感到好笑，他们能意识到五四启蒙的精神所在么？小说还通过具体环境描写对五四启蒙进行嘲讽。小说将故事背景设在杭州西湖旁边，杭州西湖自古就是风景如画、名人歌咏之地，而在张爱玲笔下，这个地却方被描写成污浊肮脏，"仿佛有一种氤氲不散的脂粉香，是前朝名妓的洗脸水"，处处尽显人间世俗性。并且在小说结尾，张爱玲写到罗文涛在湖边造了一所小白房子，坐落在幽静的里湖，"依着碧绿的山坡，向湖心斜倚着，踩着高跷站在水里。墙上爬满了深红的蔷薇，紫色的藤萝花，丝丝缕缕倒挂在月洞窗前"。然而在四周环境优美而又具有西方特色的房子里，深受到五四启蒙的青年人却过着一夫多妻制的旧婚姻生活，在这种强烈的对照中，形成对五四启蒙的反讽。

在生活中，存在更多的是普通人物，具有与生俱来的世俗性，会自私，会软弱。虽受时代新潮影响，但是传统思想根植骨髓，面对新旧文化势力冲突时，他们也体现出了自身的不决绝，不勇敢。张爱玲描写琐事的日常生活，并不是以一种批判的态度，她通过人性的弱点对五四新文化运动的自由恋爱、自由婚姻以及新女性、知识青年等神圣性和理想化给予质疑和嘲讽。五四新文化运动对思想的启蒙和人性的改造不是一蹴而就的，可以说张爱玲对这一现象的揭示在一定程度上是与五四启蒙的对话，形成的互补。

张爱玲与赖雅的结婚，不能不归结为缘分。当时，赖雅六十五岁，张爱玲才三十六岁，与他女儿的年纪相当。而且，他们在性格上也存在着诸多差异。赖雅开朗外向，而张爱玲则内向孤僻。然而，尽管有着这么多的不同之处，他们俩还是走到了一起，并且走得那么近。对张爱玲而言，在陌生的异国他乡，她实在需要一个宁静的避风港湾。漂泊太久的心灵，需要一个可以憩息的岸。因此，她珍视这份可遇而不可求的姻缘。

赖雅身体不好，每到赖雅的病痛发作时，张爱玲就替他按摩以减缓肌肉的紧张程度，她还常常给赖雅做一些他喜欢吃的中国菜。她感激着赖雅对自己的深深理解和有力支持，赖雅也越来越离不开张爱玲了。有一天，他对爱玲说："娶到你，是我今生最大的福份。"这时候，不顾爱玲的反对，赖雅执意要立下遗嘱，把他的全部财产都留给爱玲。他称这都是一些无用之物。可事实上，在这些"无用之物"中，收集着他与华莱士·史蒂文斯及贝托尔脱·布莱希特的大量通信，这是有关这两位文学大师信件最多的收藏，具有珍贵的史料价值。

1959 年 2 月，在文艺营期满后，他们把家安到了旧金山。12 月中旬，炎樱给爱玲来信，对《北地胭脂》（原名《粉泪》）当时未能被出版商接受出版深表同情。而这一点，正是触到了张爱玲心灵的痛处。张爱玲一向对自己的作品充满自信，然而，来美国后不断遭到退稿，不免有些灰心。1960 年 7 月，张爱玲通过了入籍手续的重重麻烦，由赖雅和培根两人作为见证人，获得了美国公民身份。退稿信对爱玲的打击是巨大的，而由于经济的窘迫，爱玲在说服赖雅后返回香港为宋淇所在的电影公司写剧本。

张爱玲的这次香港之行多少也带着一丝无奈。她本来是应宋淇夫妇之邀而来，为电懋公司写《红楼梦》上下集的电影剧本，稿酬在 1600 至 2000 美元。她希望能利用这个机会多赚一些钱，多少可以缓解一下她们在美国生活的经济困窘程度。为了能及早完成任务，张爱玲在宋淇家附近租了一个小房间，拼命地干了起来。这段时间的写作是相当艰苦的。她常常从早上 10 点，一直工作到凌晨 1 点。由于疲劳过度，又承受着巨大的心理压力，爱玲的眼睛患了溃疡并且出血，不得不经常找医生打针。而且，她还经常要伏案工作，眼睛得不到适时的休息。而且，她的双腿因乘飞机时座位狭窄而肿胀，很长时间都没有消退，站起来就觉得很疼。但是，她又没有钱买一双大一点又松软一点的鞋子，只好等到年底大减价时再做打算。另外，她还需要添置一件冬装，一件夏装，一件家常长袍以及一副眼镜，总共需 70 美元。可是，张爱玲还是舍不得买，她得先把返程机票的钱存起来。

在张爱玲的艰苦努力下，《红楼梦》上下集终于提前完成了。然而，最后的评审权还是掌握在公司上司的手里。这时候，宋淇又建议爱玲写另外一个剧本，稿酬800 美元。张爱玲心里一计算，她和赖雅以前在旧金山的开支是每月 200 美元，那么这笔稿酬可以供他们生活 4 个月。张爱玲爽快地答应了。可见，她当时的生活压力。

这段时间，赖雅不断有信写给她。说他的病情已经有所好转，希望她不要再牵挂了。同时告诉她，他已在女儿家附近找了一间环境不错的公寓，希望她能够早点回去。爱玲轻轻地抚摸着赖雅寄来的公寓的蓝本，其实，她又何尝不想回家呢？这时候，香港的小报上传得沸沸扬扬，说是电懋公司的老对手邵氏公司将抢先拍《红楼梦》，这就意味着爱玲的心血将要白费。

张爱玲当时的绝望是可想而知的。多年来在英语世界创作的失败，使她对母语世界存在着一丝希望。可是，这次被她寄予希望的东方之行被残酷地证明是失败的。张爱玲再也找不到昔日的辉煌了。她感到了一种更深层意义上的、刻骨铭心的被放逐。

香港之行，让张爱玲觉得筋疲力尽，身心交瘁。她终于下定决心回去了。1962年3月16日，张爱玲搭上了飞往美国的班机。在此后的三十多年里，爱玲再也没有踏上过这块她曾经那么熟悉的土地。

接下来的日子，张爱玲与赖雅便一起住在美国，再也没分开。而由于香港电懋电影公司的老板在飞机事故中遇难，电懋电影公司面临解散，张爱玲就彻底失去了经济来源。除了爱玲和赖雅各有一笔数目很小的版税费和赖雅每月52美元的社会福利金外，他们没有任何外来的固定收入。而赖雅的身体状况一天比一天糟糕，1967年，赖雅已经病入膏肓了。这个曾经快乐坚强的男人，现在瘦得只剩下皮包骨头。他整日里恹恹地躺在那里，一动也不能动。赖雅心中的苦楚，爱玲无疑是最清楚的。多少个寂静的暗夜里，爱玲企求着上苍的恩典，让赖雅多活一天。许多时候，爱玲坐在赖雅的病床边，"相顾无言，唯有泪千行"。然而，人世间最诚挚的爱也改变不了生死轮回的自然规律。赖雅终于还是永远地离开了张爱玲，离开了这个他曾经是那么眷恋过的人世间。那是1967年10月8日，窗外，有秋叶飘然而落。赖雅的遗体火化后没有举行葬礼，他的骨灰被转交给霏丝后，由她安葬。

第九章

十年一觉红楼梦魇
1968—1983

赖雅过世后，张爱玲真正变成无牵无挂了。她在顷刻间失去了在美国唯一亲近的人。在此后漫长的三十年人生长河中，她都是一个人走过的。爱玲至死都是以赖雅为自己的姓，以赖雅夫人的身份自居。是的，她珍视这一份异国之恋。她珍视那些与赖雅一起走过的甜蜜而温馨的时光。

许多年前，爱玲就借她小说中的主人公说出这样的话，诗经上最悲哀的一首诗是"死生契阔，与子成说，执子之手，与子偕老"。悲哀，肯定，忠情，像银白的月光，清爽可又有几多凄切。

1968 年开始，张爱玲开始《红楼梦》与《海上花》的研究。1969 年 7 月，柏克莱的加州大学中国研究中心主持人陈世骧教授深知张爱玲的才华，邀请她担任该中心高级研究员的职位。于是，爱玲从波士顿搬来了柏克莱，从此开始了她晚年在加州二十六年的漫长岁月。

而在那时，台湾在短时间里掀起了"张爱玲热"。1971 年 5 月，陈世骧先生病故。一个月后，张爱玲也被解聘了。由于她知名度的提高，偶尔在港台报刊上发表作品，也都能得到比较高的报酬。经过多年的奋斗，张爱玲终于等到了可以"随心所欲"的这一天。她把居住的地点选择在了洛杉矶。

1978 短篇小说《色，戒》发表。《色，戒》讲述了这样一个故事：日伪时期，广州沦陷，岭南大学迁至香港，小美女王佳芝是话剧社的骨干分子。汉奸易先生随汪精卫来到香港，王佳芝的同学邝裕民跟易先生的某个副官是小老乡，无意中得知消息。热血青年们心血来潮，决定设下圈套谋刺易先生，最终选定王佳芝施展美人计靠近易先生。王佳芝本质上不过是个小女人，她暗恋邝裕民，内敛、克制的邝裕民却对她无动于衷。"美人计"可是要玩儿真的，尽管本质上不过是小青年们的热血游戏。原本纯真的王佳芝为了腐蚀易先生，不得不提前培养"性经验"。为此，与有过嫖娼经验的同学梁闰生发生关系，一切原本都是为了"救国锄奸"啊，可王佳芝却遭到同学们的窃笑。反倒是跟又老又秃的易先生在一起，才能获得内心的宣泄与解放，"因为一切都有了个目的"。不曾想易先生突然返回上海，暗杀计划流产。珍珠港事件后，学校又迁回上海，王佳芝却留在了香港，因为她不愿再面对过往。两年后，同学们却再度向她发出召唤，让她到上海完成未竟的暗杀事业。

小说展开在王佳芝来到上海后，以"麦太太"的伪装身份出现在易太太及其"闺蜜"们的牌局上。王佳芝要在晚上假借"修耳钉"的名目把易先生骗到暗杀地点：珠宝店。她惴惴不安，借故离开，在南京路上的咖啡馆等候易先生。在焦虑的等待期间，从前的种种复杂心绪掠上心头，王想起与易的种种暧昧情景，以及这两年的经历，内心五味杂陈，徘徊不定。易先生终于来了，他尽管心狠手辣，老谋深算，却也想不到眼前这个跟自己暗渡陈仓了两年的小情人儿会是刺客的布局。

或许很多人在看完电影《色，戒》或读完张爱玲原著小说之后，都会有这样一个疑惑：小说的标题《色，戒》有何深意？一个"色"、一个"戒"到底代表什么？

"色"和"戒"可以视为小说中最重要的两个意象。它既作为一种"描述"存在，同时也作为一种隐喻存在，"代表了"、暗示了某种不可见的东西、某种"内在的"东西。笔者认为，对于"色""戒"二字的分析应该由浅入深，分层进行。从最浅白的层次上来说，"色"在小说里自然指的是"女色"，王佳芝的美丽与诱惑；而"戒"指的则是那只镶嵌着鸽子蛋大小粉色钻石的戒指。这层意思虽然是最容易被发觉的，但并不意味着这层涵义可以忽略。从这样一个浅显的结论出发，我们可以进行更深层次的推断。粉红色的钻戒价值一根金条，我们虽然不能就此认定王佳芝就是因为这枚钻戒而放走老易，最终导致自己命丧黄泉。但是，我们也不得不承认，王佳芝在看见老易为她挑选戒指时，终究还是想着"这个人是真爱我的"，"心下轰然一声，若有所失"。这枚戒指对于王佳芝来说是老易对她的爱的象征，但是直到最后，她也没能把戒指戴在手上。这就暗示着，老易对王佳芝所谓的"爱"是不切实际的，从某种程度上来说，这种感情只存在于王佳芝自己的意识中。而且，这枚戒指是"粉红色"的"钻戒"。张爱玲在小说中这样描述这种红色："红得有种神秘感。"这种"神秘感"究竟是什么呢？我想，所谓的神秘感指的就是"命运"。而这种神秘感又是"红色"的，便暗示着"命运中出现了红色"，那便是血腥和死亡。而钻戒是枪声一响就粉碎的，这又象征着老易对王佳芝的感情是脆弱的，极易覆灭。对照下文，当老易知晓王佳芝的真实身份后，立即心狠手辣地将她置于死地，那份"感情"也是猛然间就碎了。这样，我们可以把一切都归结到一个字——"空"，这也正好符合了佛家所说的"色即是空"。不论是利益还是情感，一切都是"空"的，虚幻的，与现世生活实质上并无关联。

　　而"空"的概念实际上是贯穿张爱玲《色，戒》写作始终的，这体现在小说中三处关于"舞台"的叙述。第一处是王佳芝在咖啡馆等老易时的心理描写，带着些许嘲讽的意味：她倒是演过戏，现在也还是在舞台上卖命，不过没人知道，出不了名。第二处是在王佳芝对香港时的倒叙中，王佳芝第一次"完成任务"后的情形：一次空前成功的演出，下了台还没下装，自己都觉得顾盼间光彩照人。她舍不得他们走，恨不得再到哪里去。已经下半夜了，邝裕民他们又不跳舞，找那种通宵营业的小馆子去吃及第粥也好，在毛毛雨里老远一路走回来，疯到天亮。第三处是王佳芝和老易一起选购戒指，王佳芝看着粉红钻戒时的产生的想法：可惜不过是舞台上的小道具，而且只用这么一会功夫，使人感到惆怅。

　　对于王佳芝而言，不论是站在有形的舞台上演话剧，还是在无形的舞台上（特务生涯）扮演"麦太太"的角色，这一切都是一场戏。王佳芝把真实的感情投放在虚构的情节中，并充分享受演戏所带来的乐趣。她和老易在一起实际上就是在演一场戏。但是，她却觉得"每次跟老易在一起都像洗了个热水澡，把积郁都冲掉了"。在戏中王佳芝为何会产生这样的感受呢？是因为王佳芝在"麦太太"的角色里，看似扮演的是另一个人的人生，但实际上，她所付出的情感都是自己的。她在这样的戏里自得其乐。但王佳芝还是没有智慧，到最后她也没能认清老易真实的面目，没有意识到所经历的一切都只是"一场戏"。《色，戒》的叙述方式与张爱玲其他小说相比有一个明显的不同，那就是：张爱玲在叙述的过程中尽量保持客观的态度，对文本中的人物和事件并不多加评论。这与之前《倾城之恋》中利用大段文字表现张爱玲的个人观点是有明显区别的。但就是在这样的一种冷静克制的叙述状态之下，我们依然能够体会到张爱玲对于王佳芝这个角色的讽刺。王佳芝的故事是一场悲剧，但它不是崇高的、英雄式的"古希腊悲剧"，而是带着讽刺意味的"一般悲剧"。

除了舞台，"空"这一概念还在另一处明显体现出来，就是张爱玲用"一千零一夜"和"天方夜谭"来比喻用金条买粉红钻戒。

"只有一千零一夜里才有这样的事情。用金子，也是天方夜谭里的事。"

我们都知道"一千零一夜"和"天方夜谭"在一定语境下会被赋予另外一层含义——不可能发生的事情。在张爱玲眼里，所有的一切都是"不可能发生的事情"，但勾引老易、买戒指这些事情却又是切切实实发生了的，这又该怎样去解释呢？结果，张爱玲就颇具讽刺意味地把这一切定义为"空"。这些事情发生在我们的生命中，却留不下任何痕迹，付出了感情，赔上了性命，一切都只是"一场空"而已。

与"色"相对应的范畴便是"戒"，连接"色"和"戒"两个概念的符号是"，"，而不是通常意义上我们所认为的"·"。这是一个有趣并且值得研究的现象。逗号和间隔符都可以表示符号前后两个部分是并列关系，但是张爱玲在这里为什么选择使用逗号，而舍弃了通常意义上的间隔符呢？我认为，张爱玲之所以选择逗号是因为她认为"色"和"戒"之间的关系不是并列，而是承接。"戒"是由于上文中的"色"而来的。但是这种语义关系又不同于倒置之后的"戒色"，只能阐述为"犯了色戒"。大多数读者都会认为"犯了色戒"的是老易，王佳芝所处的只是一个受害者的角色。其实不然，从文章表面上看，犯了色戒的的确是老易，易先生在这里是一个"显性的破戒者"形象。而在细读文本之后，我们可以发现，王佳芝也是一个破戒者，是一个"隐性的破戒者"形象。而王佳芝的这一形象正好与张爱玲所引用的"到女人心里的路通过阴道"产生呼应。我们可以利用以下两个例子进行分析：其一，王佳芝在易家同易太太以及其他两位官太太打牌，一见易先生回来便立刻借口离开，引诱他出去。并深知他是实在诱惑太多，顾不过来，一个眼不见，就会丢在脑后。还非得盯着他，简直需要提溜着两个乳房在他跟前晃。"两年前也还没有这样哩。"他吻着她的时候轻声说。他头偎在她胸前，没看见她脸上一红。

　　这一段是王佳芝的心理描写，三言两语便勾勒出王佳芝与老易两年来的状况。乳房是王佳芝诱惑老易的原始武器，老易早在两年前就已经被王佳芝吸引，可真正发生肉体关系却是在两年后。两年的时间对于老易来说或许只是保持对王佳芝"色"（或者说是"性"）的欲望的期限。而对于王佳芝来说，两年的时间所经历的不仅是生理上的成长，更是女性欲望的成熟。王佳芝这一脸红，便把自己"为国除奸"的名号彻底击碎，女性身体的沦陷决定了她所追求的欢愉是肉体的欢愉，情欲的满足在这里已经成为了女性蜕变的动因。

　　其二，是王佳芝回到上海，与"一个姓吴的"搭上线之后，对于自己"义不容辞"参加行动的原因的描述："事实是，每次跟老易在一起都像洗了个热水澡，把积郁都冲掉了，因为一切都有了个目的。"

　　王佳芝觉得自己与老易在一起像是洗了个热水澡，这是与前文做一个对比。前文写到王佳芝为了获取性经验而与梁闰生发生了关系，但在这一次性经历之后，王佳芝十分厌恶梁闰生。而为何在与老易在一起时却把积郁都冲掉了？原因是王佳芝对老易是有感情的，因为钟情所以王佳芝在与老易发生肉体关系时获得了一种欢愉。与此同时，这种肉体欢愉在王佳芝的精神世界又产生了一种反作用力。"一切都有了个目的"，似乎王佳芝接受地下工作的目的只是为了享受老易带给她的肉体上的快感。王佳芝只有"犯了色戒"才能获得作为女性的欢愉，也只有这样，她才能证明自己所做的一切是有目的的。王佳芝是在破戒的过程中不断证明自己存在的合理性。

　　分析到这里，我们似乎应该探讨一下张爱玲之所以要塑造王佳芝这个形象的原因。王佳芝破了色戒，对"性的禁忌"做出"越轨"的尝试。不论是为了获取性经验而失身于梁闰生，还是在老易那里获得情欲的满足，她都突破了传统语境下女性身体的桎梏。我个人认为张爱玲之所以能够塑造出王佳芝这个"破戒"的女性形象是因为张爱玲在《色，戒》中投入了大量私人感情。而且这个故事是与张爱玲自己的情感状况是有极大的相似之处的。《色，戒》的故事是由当年轰动上海滩的一则新闻《郑苹如刺杀丁默邨》改写的，丁默邨当时是"汪伪特工总部的负责人"。看到这个职务时，我们不难联想到张爱玲的第一任丈夫胡兰成的背景。胡兰成曾任汪伪宣传部常务副部长、法制局长、《大楚报》主笔，是汪伪政府中的要人。张爱玲《色，戒》里刺杀事件本身无关乎"张胡爱情"，而其中蕴含的情感，尤其是王佳芝对老易的感情则是张爱玲自己对胡兰成感情的投影。以弗罗伊德精神分析引论的观点来看，作家创作是一种"升华"，经过升华作用，受压抑的力比多便可以通过社会道德允许的途径或形式得到满足。王佳芝在最后一刻唱了一出"捉放曹"，觉得"这个人是真爱我的"，于是以性命为代价成全了老易。这种轰轰烈烈不管不顾的情感态度正是张爱玲对胡兰成抱有的。当年胡兰成在逃亡过程中与范秀美结为夫妇，张爱玲赶去温州探望，之后又寄了三十万金圆券给胡兰成。但温州一行让张爱玲深知自己与胡兰成的感情已经走到尽头。她回上海后，在写给胡兰成的信中写道"那天船将开时，你回岸上去了。我一人雨中撑伞在船舷边，对着滔滔黄浪，伫立涕泣久之。"张爱玲临江恸哭，纵使千般不合，也不得不承认胡兰成对她的情已逝。但我们仍然可以由此窥视到张爱玲对胡兰成情之深，意之重。

《色，戒》发表于1978年，中间横亘着三十年的岁月，其间张爱玲对文本也进行了多次修改。你可以说《色，戒》中所投射的张爱玲的感情观是其经历了人世颠簸之后对于往昔的追忆，其中有不少自我安慰的成分。但是，我们不得不承认，张爱玲在《色，戒》中赋予王佳芝的那种为了爱情不顾一切的奉献精神是她自己所秉持的。当年她为了胡兰成，全数奉上了自己写剧本的稿费，或许，在张爱玲的潜意识里，物质上的资助是微不足道的，她可以跟随胡兰成一起逃亡，乃至为了他牺牲生命才是真正意义上的为了爱情而奉献吧！

《色，戒》的内涵深沉而驳杂，单单《色，戒》这个标题就足够我们进行细致而深入的研究。经过这一番写作，我只能感慨张爱玲写《色，戒》真的是用心良苦。而我们后人在阅读《色，戒》的时候同样也是费尽心力，在字里行间找寻蛛丝马迹。只可惜斯人已去，"山河岁月空惆怅，今生今世已惘然"。

从1977年开始，张爱玲花了十年撰写《红楼梦魇》这本红学论集。《红楼梦魇》是张爱玲到美国以后针对《红楼梦》做的考据工作集锦。"梦魇"一词指在睡梦中被噩梦惊醒，老话常把人失常的情景称之为"魇住了"，意思类似灵或鬼上身。张爱玲一贯对小说及出书的名字非常讲究，对文字的意象在历史中的流转非常注意，"流言"、"小团圆"、"色戒"、"余韵"等词大有说法。以"梦魇"来标题这一系列工作，表达其对《红楼梦》的痴迷、上瘾达到疯狂状态，含义激烈而富于感情。

全书分为自序、《红楼梦》未完、插曲之一、初详、二详、三详、四详、五详等八个部分。《红楼梦魇》系列文章是她散文中的一个例外，通篇的感觉很像读书笔记。没有结构章法，混乱，一边写一边猜，自己也不知道要走到哪里去，就更没打算给读者舒服地看，而更像做一个记录，作为日后系统文章的材料积累。

《红楼梦魇》是张爱玲丰厚作品中唯一的学术著作，意在评点和考证《红楼梦》。红学大家周汝昌为此专作《定是红楼梦里人》一书，从学术层面对该书进行过再评点和详解。但笔者认为，《红楼梦魇》的价值并不在其学术范畴。目前，我国大陆的研究注意力聚焦于张爱玲的文学作品，疏淡于她为之倾注了十年功力和心血的著作，这也可算是它的价值真的不在学术范畴的佐证。《〈红楼梦魇〉自序》（以下简称《自序》）中是张爱玲真实再现自己与《红楼梦》情缘的写实之作，它为我们解构张爱玲与《红楼梦》的渊源关系提供了重要视角。

真正的学术研究当是心境清雅醇正，其间全无杂念，既不受世局与外缘的影响，也不被内心情态所支配，即所谓"惟偏蔽之务去，真理之是从"的审慎。但张爱玲并非如此，她移居美国后，沉潜十年于《红楼梦》文本及版本繁琐考据，自设疑点，多版本比较，校勘辨伪，大胆假设加小心求证，以"一个字看得有巴斗大"的辞简义丰的用字完成了她的"张看"。关于书名，她在《自序》里写道："我寄了些考据《红楼梦》的大纲给宋淇看，有些内容看上去很奇特。宋淇戏称为 Nightmare in the Red Chamber（红楼梦魇），有时候隔些时就在信上问起'你的红楼梦魇做得怎样了？'我觉得这题目非常好，而且也确是这情形———一种疯狂。"在 1967 年秋天丈夫赖雅去世前，她已经着手开始《红楼梦》的考证。1972 年，台北幼狮文艺研究社出版的"幼狮月刊学术丛书"《红楼梦研究集》第 30 卷 40 期上发表了她的最早成果"红楼梦未完"，接下来几年，各专论陆续问世。这些论作均各有所得，各臻其妙。直至结集而成《红楼梦魇》。张爱玲是将经年痴红的"疯狂"情愫，转嫁到"学术研究"的特殊形式中。如果说曹雪芹将《红楼梦》原创作为直接诉情文本，那么张爱玲则是将《红楼梦》考证作为间接诉情文本。

张爱玲的学术研究具有明显的"作家之学术"特征，她以作家的气质与才情感受作家与作品，在抉幽探微之中获得"诗眼文心""莫逆暗契"的艺术感应。在任职加州柏克莱大学的中国研究中心之前，张爱玲曾在哈佛燕京图书馆与柏克莱的加大图书馆借书时，她看到"脂本红楼梦"，对近人的考据，《自序》中披露"都是站着看——来不及坐下"。这说明两个问题：一是她考证的着迷入神、紧迫焦渴，二是她能找到的考核和例证资料相当有限。第二个问题事关学术真伪深浅，她解决的办法是"唯一的资格是实在熟读《红楼梦》"，用这样最单纯的方法直奔第一手材料，反倒使她有"采铜于山"的意外收获。张爱玲对《红楼梦》文本的熟悉，达到了"不同的本子不用留神看，稍微眼生点的字自会蹦出来"的境界。《自序》是我们解构张爱玲与《红楼梦》的渊源的重要视角，对这三千字启篇语的释证，正是陈寅恪先生的"以诗证史"的文学研究的另一面——以史证诗。我们在通解《自序》的研究基础上，得其写作的真相，这与旨在学术范畴的考察立场是完全不一样的。

《红楼梦》研究和《红楼梦魇》的写作，两者之于张爱玲的意味非比寻常。《红楼梦》是她凡俗世界之外的别样境界，一个令她"确实什么都不管"的"真喜欢"的境界："偶遇拂逆，事无大小，只要'详'一会《红楼梦》就好了。"《自序》里所写到的"详《红楼梦》"，是她暂时摆脱世俗烦扰，享受精神安宁愉悦的生活内容和方式，她在《自序》里所说的"在已经'去日苦多'的时候，十年的工夫就这样撂了下去，不能不说是豪举"。既有完成某个壮举的富足和自豪，更有了却某桩夙愿的超脱和快慰。"十年一觉迷考据，赢得红楼梦魇名"，她用这两句诗为《自序》作结，再恰当不过了。

张爱玲家学深厚，自幼酷爱文学，对《红楼梦》痴迷有加。据说她十二岁时读《红楼梦》，读到八十回以后，只觉得"天日无光，百般无味"，可见她对此书的艺术感觉之了得。她在《存稿》一文中，追忆自己十四岁那年写了个纯粹鸳鸯派章回小说《摩登红楼梦》，还像模像样地拟订共计五个回目。在《红楼梦魇》第一部分《红楼梦未完》的开篇，张爱玲写道，"有人说过'三大恨事是一恨鲥鱼多刺，二恨海棠无香'，第三件不记得了，也许因为我下意识地觉得应当是'三恨《红楼梦》未完'"。从她"下意识"将《红楼梦》作为生命最强烈情感的归宿，到"有意识"地为之沉潜十年理性考证，可以说，《红楼梦》这部作品里的艺术元素与张爱玲的生命元素融为一体了。在《红楼梦》的研究、考据的名义下的是她对《红楼梦》的诗艺渊源、审美情趣、风格意蕴等"诗眼文心"的入迷，甚至影响到她自己作品的叙事模式。张爱玲创作中的爱情婚姻题材选择，饮食男女琐事铺陈和心理描写、形象塑造和语言风格等文本构成因素，都可以确证她和它之间千丝万缕的联系。所以，周汝昌先生盛赞《红楼梦魇》，也用了一句性情中语："只有张爱玲，才堪称雪芹知己。"

"纵观史乘，凡士大夫阶级之转移升降，往往与道德标准及社会风习之变迁有关。当其新旧蜕变之间际，常呈一纷纭错杂之情态，即新道德标准与旧道德标准，新社会风习与旧社会风习并存杂用，多是其是，而互非其非也。"陈寅恪先生关于"士大夫阶级"与时代社会的关系的论述，照应了曹雪芹和张爱玲共同精神气质的种种现象。

曹雪芹对颓败了的贵族世家感情复杂，"满纸荒唐言，一把辛酸泪"与"都云作者痴，谁解其中味"共享《红楼梦》的情感空间，同情、无奈的末世喟叹与悲愤、质疑的否定批判共存于文本中。曹雪芹的没落贵族的宿命思想和深刻的悲观主义，诉之于这部家族史和情爱史中。甚至有学者认为，曹雪芹"对没落贵族的哀叹和惋惜要大于其对没落贵族的批判和讽刺"。张爱玲于20世纪初横空出世，以女性命运的多种形态和生命的欲望为创作视角，对女性人生的境况进行深度自省和反思。研究者习惯把张爱玲的《金锁记》与《红楼梦》放在一起审视，并对前者给予极高的赞誉，称之为"我们的文坛最美的收获之一"。

张爱玲在感性与理性经验里所获得的末世之感，是她和《红楼梦》及其作者形成精神气质契合的渊源。她的末世之感主要是从这两种经验中离析出来的，一是早期经验里的失败感和与没落感，即便是1952年避居香港后的多种经历，也与她的早期经验构成连带关系。1937年十七岁那次逃离父亲家，是她第一次迎受生命的冷酷真相；1939年因太平洋战争爆发将英格兰求学之梦改到了香港，是她对命运的委曲求全；1942年从沦陷的香港退回到出生地，是她人生至此最无奈的选择。1940年《西风》杂志刊出了她的应征作品《我的天才梦》。其中很出名的一段话是："——可是我一天不能克服这种咬噬性的小烦恼，生命是一袭华美的袍，爬满了蚤子。"这样的句子，出自一位十九岁少女的笔下，不能不说她性格里有着与年龄不相称的敏感、忧郁、成熟、世故，过早涉入悲凉的世事已给她的心灵铺上了灰暗、苍凉的底色。二是对日渐式微的社会的危机感和忧患感。经过"五四"的扫荡，旧生活方式和文化形式已经沉沦，新的生活轨道并未完全形成，这是一个新旧之际的"末世"和乱世。加上世界范围内的战争危机，普通人的生存已面临严重威胁。张爱玲曾在《五四遗事》一文中说："像'五四'这样的经验是忘不了的，无论湮没多久也还是在思想背景里。"香港和上海是张爱玲生活和书写的两个重要场景。作为新旧社会转型期的都市，这里是自由经济与传统文化共同产生作用的地方，交织着现代化的喧嚣和传统的没落等多种元素。她曾在《传奇再版序》中表述过自己的困扰和恐慌："如果我常用的字是'荒凉'，那是因为思想背景里有这惘惘的威胁。"张爱玲以这样"末世"创作心理，审视文化败落时期的人生状态和情感心理，表现人性在危机时代的扭曲变态。

家族盛衰之变是作家复杂情感的重要源泉，和曹雪芹相似的是，张爱玲也有着显赫的家世，祖父张佩纶是清末"清流派"的重要人物，任李鸿章的幕僚，祖母是李鸿章的女儿，祖辈的煊赫遮掩不了父辈的衰落。她对自己的贵族渊源是刻骨眷念的。"我没赶上看见他们，所以跟他们的关系仅只是属于彼此，一种沉默的无条件的支持，看似无用，无效，却是我最需要的。他们只静静地躺在我的血液里，等我死的时候再死一次我爱他们。"这是《对照记——看老照相簿》里的一段话，这部书是张爱玲去世前将自己的很多老照片配以文字出版的最后一本书。书里共收照片五十四幅，大多是她的个人照以及与家人朋友的合照，除此之外，最多的就是她祖父母的照片。张爱玲在书中说："满目荒凉，只有我祖父母的姻缘色彩鲜明，给了我很大的满足，所以在这里占掉不和比例的篇幅。"到生命的最后，张爱玲都坚守信念，祖辈的贵族尊贵感与荣耀感，是自己一生最需要的精神支柱。

有学者评价说："张爱玲是晚清的中国士大夫文化走向式微与没落之后的最后一个传人，同时又生存于贵族文化的没落时期而携上了浓重的末世情调。"张爱玲塑造的经典人物，如曹七巧（《金锁记》）、白流苏（《倾城之恋》）、顾曼桢（《半生缘》）等，她们对奢华迷离生活的怀旧眷恋，泄露了作家身上的没落贵族的常见宿命论心理。和曹雪芹一样，张爱玲终其一生也没有完成对颠覆了的时代的超越。

《红楼梦》持久地震撼历代读者心灵的文本魅力，还是在于它的悲剧意蕴，它是"悲剧中之悲剧"，其人物无不与痛苦相始相终。曹雪芹将美好被毁灭的过程进行一咏三叹的描述，全然没有给读者任何传统阅读上的情感抚慰和满足，读者在怜惜、诧异、激愤的复杂情感中，完成对这曲悲剧的审美体验。深深体味作家的末世悲哀，同时，"人们对《红楼梦》的兴趣就是对于世界，对于生活，对于人自身的兴趣"。张爱玲与生俱来的贵族文化，因时代的没落而沾染了末世情调，但她的末世情怀不止于个人命运，而是"许多人的命运"，是"更广大的"伤世情怀。她创作里的种种病态人性世界，也是时代整体意义上的悲剧世界。有人说张爱玲"破坏佳话，所以写得好小说"，灰暗的人物色彩，扭曲变态的人性，堕落沉沦的文明，"一级一级走进没有光的所在"，被破坏的佳话，无不是她的悲凉人生和悲剧意识的书写。

夏志清认为张爱玲是一个深刻描写"颓废中的文化"的"彻底的悲观主义者"。对满是疮痍的人生竟然能继续下去，张爱玲在小说《倾城之恋》中给出的解释是："人是活在一个时代里的，可是这个时代却在影子似的沉下去，人觉得是被抛弃了。"在被抛弃的生存危机里，人唯一的念头是惟有活下去才是真实的。张爱玲深受《红楼梦》悲剧意蕴的影响，1943 年至 1945 年，她出版的小说集《传奇》和发表的散文《流言》，最能代表她的创作意识和创作风格，也是她与《红楼梦》之间渊源关系的确证。不可逃离的困境，无可奈何的式微，无能为力的挣扎，是贯穿于张爱玲作品的深沉悲叹。优秀的作家总是和他作品中的人物合而为一，难分彼此。同曹雪芹类似，张爱玲将生命感受代入到了她的作品中的人物命运之中，她在《传奇再版序》里表述自己生存受到的严重威胁的体验："个人即使等得及，时代是仓促的，已经在破坏中，还有更大的破坏要来。有一天我们的文明，不论是升华还是浮华，都要成为过去。"张爱玲用时代的故事，印证了曹雪芹的"落了片白茫茫大地真干净"的悲剧归宿的永恒意味。在新旧交替的时代，绝大多数作家以自觉的意识和积极入世精神，呼唤新生活或抨击旧世界，而张爱玲却专注于乱世中俗人俗事，将世俗的丑陋冷冷地撕毁给人看。读者在这一幕幕人间悲剧中观照各自人生，这个"审丑"的过程和阅读《红楼梦》的"审美"过程是异质同构的。

按照大部分红学家的基本共识，曹雪芹是自觉触及到了悲剧的本原，张爱玲的《红楼梦魇》中也有专论主张《红楼梦》"是创作不是自传"。张爱玲对人性与时代的彻底否定，是从她对人世的敌意和对人与事的否定情绪中离析出来的。因此，她的创作总是弥漫着苍凉的情调。面对生活，她的人物永远都是被动的参与者，平庸、消极、不思进取、听天由命，构成了天底下碌碌无为的平民生活。张爱玲曾在《自己的文章》一文中，剖析了自己的文学观与人生观，其中，既有她对"这些凡人比英雄更能代表这个时代的总量"的深刻认识，也有她对"时代却在影子似的沉下去，人觉得自己被抛弃了"的悲凉观感。早年失落于家庭，又与家庭一起失落于时代，与时代一起失落于历史，这些都使她复杂的内心更为沉重。"对笼罩着这个家的'昏睡'、'沉下去'以及'懒洋洋灰扑扑'的气氛的真切感受，是张爱玲捕捉到的最重要的信息。"

张爱玲的叙事策略也无不深受《红楼梦》的末世奢华铺陈的影响。精致的摆设、华丽的服装、讲究的起居、高雅的趣味，张爱玲在这些生活细节上流连忘返，将它们与爱情、婚姻、家庭、金钱的叙事扣起来。字里行间满是对奢华的叹息。"玫瑰紫绣花椅披桌布，大红平金五凤齐飞的围屏，水红软缎对联，绣着盘花篆字。梳妆台上红绿丝网络着银粉缸，银漱盂，银花瓶，里面满满盛着喜果。帐檐上垂下五彩攒金绕绒花球，花盆，如意，粽子，下面滴溜溜附着指头大琉璃珠和尺来长的桃红穗子"，《金锁记》里对这些陈设不厌其烦地把玩，背后是她对颠覆了的时代的忧和怨。贵族家世到张爱玲的经验世界里，就只剩下了对这些奢华形式的无限遐想了。

陈寅恪先生说："转移升降之士大夫阶级之人，有贤不肖拙巧之分别，而其贤者拙者，常感受苦痛，终于消灭而后已；其不肖者巧者，则多享受欢乐，往往富贵显荣，身泰名遂。"曹雪芹和张爱玲都有末世的"苦痛"，综观他们的作品，张爱玲对时代现实毫无幻想，比曹雪芹来得更绝望、冷漠。

虽然张爱玲在《忆胡适之》一文中，表示"像（对）一切的潮流一样，我永远在外面的"，但她无法超脱。文本的历史性，在文史互通的规律作用下，她的所有作品共同构成了她的文化背景，包括这部学术专论。张爱玲将《红楼梦》读得通透，读得物我莫辨，它既是她没落贵族精神气质的母体和根系，又是她悲剧意识的消解和终极皈依。

1981年，张爱玲翻译韩子云的《海上花列传》为《海上花开》、《海上花落》出版。《海上花》素负狭邪之名，它讲的是清末上海租界的妓家生活。本来既是描写此等事体，作者必是纨绔子弟，事实也相差无几。作者韩邦庆出身没落家庭，父亲做到刑部主事，他自己屡试不第，后来做了报馆主笔，又创办了中国第一本小说期刊，《海上花列传》正好在他自己的刊物上连载。奈何其时风气未开，这部心血之作反响平平，至少是表面上反响平平。而韩庆邦没活到四十就死了。据说《海上花》取自真实人事，大可对号入座，李鹤汀就是盛宣怀，黎鸿篆就是胡雪岩，赵朴斋，索性名都没改。韩庆邦生前经济不好，有人说他写这部书是为了敲诈。时移事异，当初的动机无关轻重，《海上花》近代狭邪小说压卷之作的名头，是谁也夺不去了。但是这部吴语巨著，多年来默默无声，真如沉在海底，好多人试图好好读，终究读不下去。方言固然是个障碍，其枝枝叶叶繁琐无极，恐怕也是个原因。更重要的是，它一点也不狭邪。

张爱玲个人十分喜欢这本书，遂将书中吴语译成白话文。《海上花》由张爱玲先后译为国语版和英文版，填补了这方面多年来的一个空缺。

1983年，张爱玲小说剧本集《惘然记》在台出版，收入短篇小说《色，戒》、《相见欢》。

十年深居简出，皓首穷经地研究《红楼梦》，正符合张爱玲彼时的心境。大家族的败落，繁华落尽后的凄凉，张爱玲的一生，可谓尝尽了"百味人生"的种种状味。

第十章

天涯孤旅海上花落
1984—1995

在张爱玲晚年时期，她就开始刻意避开别人生活。曾经她在一所大学任职，同事发现跟她直接接触是件很困难的事，于是都趁她不在时才会将文件送去她办公室。而随着台湾兴起了张爱玲热，皇冠的版税给她提供了稳定的收入，不再为经济所苦后，张爱玲辞去了最后一份工作，开始了彻底的隐居生活。她不接触外界，住了好几年房东还以为她不懂英语，曾经给过别人电话号码，但事先声明自己是绝不会接电话的，对外唯一的联系方式是信件。当时，她的作品在海峡彼岸掀起的波澜与她在美国离群索居的"隐居"生活，形成了鲜明的对比。

多年来一直潜伏在心里的"蚤子"，此时终于变成实实在在的客体，向她发动最后的攻势了。在洛杉矶的最后二十三年里，为了躲避这种令她触之丧胆的小东西，她在各地旅馆辗转流徙，随身只带几个塑料袋。在搬家中，财物抛弃了，友人的书信遗失了，甚至花几年心血完成的《海上花》译稿也不知所终。去世前四个月，她还写信给林式同，说想搬到亚利桑那州的凤凰城或内华达州的拉斯维加斯去——这两个地方都是沙漠，也许她以为在沙漠里可以摆脱被蚤子咬啮的苦恼。在她几年陆陆续续的搬家过程中，张爱玲把一切东西都看成是身外之物，许多东西也都扔掉了，但唯有那本脱了线的旧影集，一直陪伴着她。

1994年，张爱玲开始了她最后一本书《对照记》的写作。她要公开这些私人照片，让世人看到一个真正的张爱玲。

"'三搬当一烧'，我搬家的次数太多，平时也就'丢三落四'的，一累了精神焕散，越是怕丢的东西越是要丢。幸存的老照片就都收入全集内，藉此保存。"这是张爱玲开篇的话。在这本书里，有母亲、姑姑、炎樱的影像，也有不少她风华正茂时代的照片。然而，独独缺少的是男性影像。仅有的她父亲的形象，也是在一张集体照里一个不显眼的角落，看不十分真切。在她一生中均留下刻骨铭心印象的两个男性：胡兰成和赖雅都没有出现。也许，张爱玲觉得自己的一生是缺少爱情的。如果说，与胡兰成的情缘如同"水月镜花"，那与赖雅的恋情则不免让人感叹："夕阳无限好，只是近黄昏。"

张爱玲悄然去世前一年，图文对照的《对照记》首次出版，她用对"幸存的老照片"的保存和阐释，来与喜爱她作品的海内外广大读者告别。

张爱玲这一生，大抵是个传奇。临到末了出一本集子，悉心整理从前的照片，微微的笑，长长叹息。一段又一段恍恍惚惚的往事就晃晃悠悠的流淌出来。照片的主人是这样，看照片的我们未尝不是这样的。

我不禁想象，大洋彼岸的一间狭小的屋子里，张爱玲用那双枯瘦的手，孤独地整理自己的一生，对照着，回忆着，一点一滴在心里，渐渐湿润。

《对照记》里收了张爱玲从小到大的很多照片，由不同生命阶段组成的完整"自画像"。而张爱玲以保存"幸存的老照片"为由，实在是聪明，至于谁入选谁不入选变得极无必要，因为她说了，本来就丢三落四的，搬家的次数一多，精神一焕散，东西丢的更是多，赶紧的，"将幸存的老照片都收入全集内"。陈子善说她这是"别致而又漂亮的人生谢幕"，漏了最重要的一点："聪明的"。早在1947年《有几句话同读者说》里，她就明白表达了对个人私生活的捍卫——"私人的事本来用不着向大众剖白，除了对自己家的家长之外仿佛我没有解释的义务"。对照着照片看文字，总归是件极为有趣的事儿，况且这是张爱玲的五十五幅珍贵照片，看到我感慨不已。

前面一部分是张爱玲用她保存的家族里与她关系密切的人的照片，对照着写出与之相关的故事，当真是独出机杼。亦文亦图，在她沉静的笔下，仿佛能够感知到那些人对话时的语气和神态。

张爱玲与他人的合照大都拍摄于她的孩提时代和少女时代，而她成年后拍摄的照片绝大部分都是独照。

一张大概是拍摄于四五岁时，剪着时下流行的波波头，坐在藤几上，笑得眼睛都开眯成一条缝了，穿一条蓝紫的 T 字领裙，上面"印着一蓬蓬的白雾"，白色及膝袜，平底搭扣布鞋。若要制作东方安琪儿的画页，只需添上翅膀和光圈就行了。

她长得很像她的母亲，其中有一张她母亲 30 年代中叶在法国拍摄的半身照，头发做成驯服的卷，右边太阳穴处打个弯，眉眼和嘴显然都精心描画过，衣服看不太出颜色，大约是浅色连衣裙上罩着深色外套，戴了一串大颗粒珍珠项链，画龙点睛，整张照片瞬间有了亮点，可见亦是个中高手。

张爱玲，有着复杂而显赫的家庭背景，但是，她出生晚，并没有充分地享受到祖上的庇荫。照片中，存留最多的她与母亲和姑姑的照片，而且解说也最为详细，可以说，母亲和姑姑，是对她一生影响最大的两个人。

而张爱玲成年时期的照片，典型特征是华丽的衣服和零度表情的巧妙结合。在这些华丽的衣服的映衬下，张爱玲的面部表情不是神采飞扬，而大都萧索漠然，近乎零度表情。她嘴唇紧闭，眼神空洞漠然，似乎越过了眼前，在眺望不可知的未来或遥远的过去。李碧华曾对张爱玲的照片有过很精辟的见解："我的印象至深，是大部分张的倩影，总是仰镜，镜头自低角度往上拍摄，而她又不自觉（或自觉？）地微仰首，高瞻远瞩，睥睨人间。因为这不断出现的神情，令人有'鹤立鸡群'之强烈感觉。一个人的小动作往往介绍了自己，也出卖了自己。即使什么也不说，却说了很多。"此外，张爱玲很多照片都是侧面照，照片中的她似乎在遮掩着、逃避着、抗拒着，给人一种神秘色彩和孤傲感。

里面有一张她二十多岁的照片，她在观赏景物，仰着头，是个朝气蓬勃的苗条淑女。春天的风吹起布满花朵的裙，衣袂翩翩。青春如同打在她身上的阳光，明晃晃地耀眼、灿烂、明媚，没有一丝阴霾，令人感受到青春飞扬的气息。

张爱玲能保留的最完美的回忆，莫过于在天津的家里，一个比较简朴的半旧花园洋房，有父亲、母亲、姑姑……她的生命中，由始至终，父母俩或父母与姑姑三人，出来都是分离。她对他们的回忆，正如写他们的文字，散落的碎片一般，不动声色的冷眼。可她始终是爱着他们的。这种爱过于含蓄，因为爱得深刻，所以很刻薄。

张爱玲对她的母亲，不仅充满了感激，更是充满了深深的敬意。也正是因为母亲的关爱，童年的张爱玲是幸福的。照片中，有一副是张爱玲四岁时的"涂彩"照片。张爱玲用深情款款的文字，叙述了母亲"涂彩"的过程："一张小书桌迎亮搁在装着玻璃窗的狭窄的小阳台，北国的阴天的下午，仍旧相当阴暗。我站在旁边看着，杂乱的桌面上有黑铁水彩画颜料盒，细瘦的黑铁管毛笔，一杯水，她把我的嘴唇画成薄薄的红唇，衣服也改填最鲜艳的蓝绿色。"幸福感，在无声地流淌。由于她的母亲常年在外，她的姑姑，就成了她事实上的监护人，两人之间存有母女之情。

这仅存的照片中，张爱玲自己单身照有二十四幅，内中包括最著名的、也是引用最多的两张旗袍外加浴衣的照片，显得她像是"表现主义"影片中的明星。张爱玲的旗袍始终是最亮丽的风景。最经典的要算紧身旗袍，头微仰，手叉腰，朱红嘴唇，眺望远方，看破红尘，卓尔不群，高不可攀，而寂寞深深谁人可知？

这本书里我们也见到了炎樱，张爱玲的挚友，与她相遇在港大。光亮精神的额头，时尚的卷发，珍珠项链，与张爱玲一起仰望天空的寂寞。两个女子，也可相亲相伴。

张爱玲自小受到母亲的影响，最注重穿衣服，所以有几幅照片中的解说词以衣料和衣服款式为主，还有其他四幅谈到帽子和首饰，另外还有两张说到围巾——其实就是裸肩的替代品，旁边（或次页）还配有两张炎樱的"性感"照，也是裸肩的，甚是性感。相比之下，这两幅张爱玲的围巾照却大异奇趣，所流露的是另一种"性感"。在这两张照片，连同放在一起的另外两张张爱玲身穿广东土布做成的衣裳的照片中，张爱玲似乎在搔首弄姿，装模作样，表现得是一种"展示"和炫露。也好似在沉思，沉思的欲望到底是什么？我觉得依然是张爱玲的苍凉美学和参差的对照。特别是着了暗绿色的那一幅，她的脸似乎凑在一个无形的镜面上，反映出来的是一股阴森的寒意，"凉的凉，烫的烫"，像贴近另一个"昏昏的世界"！

如果把这一系列的亲人的照片合在一起做一个"解说"的话，则可得到一个明显的结论：张爱玲在这组照片中所呈现的"自我"是一个孤儿，在祖父母辈的照片中没有她，在父母的照片中也没有她。和她合照的只有弟弟张子静，至少有三张两人儿时的合照，内中一张是她和弟弟在西湖九溪十八涧合影的相片，两人更像是两个孤儿，张子静更是楚楚可怜！后来，张子静也写过怀念姐姐的书，读后不难发现他自始至终都十分文弱，他的成长被姐姐早年的才华所掩盖。

即使这个集子只不过是"幸存的老照片就都收入全集内，藉此保存"，别无任何其他照片留下来。我们所得到的整体印象依然是失的比得的多，而保存的却是一股幼时的失落感或被遗弃的情境，外加上一道对祖辈的历史的回忆，呈现的是另一种"褪了色"的苍凉。

用她自己在书末的话说：

> "然后时间加速，越来越快，越来越快，繁弦急管转入急管哀弦，急景凋年倒已经遥遥在望。"

这是进入老年期了，时间那个快，简直如白驹过隙。为显得急迫之势，连用两个"越来越快"还不尽意，又拿出古诗词中急管繁弦的比喻，将紧迫的时光和转入衰竭而终的过程，有声有色地绘出。遥遥无望渐至终点，变为遥遥在望了，不过在望的是"凋年"，哀哀的乐曲响起了。

一生行将终结，一段段的回忆在脑海里叠出，如电影的蒙太奇。而蒙太奇的终点，便是主人公淡出的画面——淡出了人生的舞台，淡出了自己一生跋涉的荆棘之路，再无踪影。今生就这样结束了，再有的只能是生命的又一个轮回了。

沧桑人世。就像她自己写的："悠长得像永生的童年，相当愉快地度日如年，我想许多人都有同感。然后崎岖的成长期，也漫漫长途，看不见尽头……然后时间加速，越来越快，越来越快，繁弦急管转入急管哀弦，急景凋年倒已经遥遥在望。一连串的蒙太奇，然后淡出。"

在 1994 年，《中国时报》曾颁发给她一个奖项，张爱玲表示人不能到，但拍了张照片寄过去，照片上她拿着一张报纸，醒目的金日成去世的标题，让人不由纷纷猜测。但无论如何，这是张公开的最后一张照片。从照片上我们可以看到，张爱玲已经非常的苍老，而且有一种出奇的病态的瘦。她手中握着的一卷报纸上，竟赫然印着"主席金日成昨猝逝"的黑体大字。看罢令人有一种心惊的感觉。她究竟要传达出一种什么意思呢？也许，这会让人感觉到一种森森可怖的"死亡"气息。她是在向读者们隐隐然地透露着一个讯息：她将不久于人世了。她的那篇"得奖感言"也写得极为平实，语调则是冷峻的。在文中，她追忆了半个世纪前关于《我的天才梦》一文的不甚公平的获奖经历后，进而在文末写道：

五十多年后，有关人物大概只有我还在，由得我一个人自说自话，片面之词即使可信，也嫌小器，这些年了还记恨？当然事过境迁早已淡忘了，不过十几岁的人感情最剧烈，得奖这件事成了一只神经死了的蛀牙，所以现在得奖也一点感觉都没有。隔了半世纪还剥夺我应有的喜悦，难免怨愤。现在此地的文艺将这样公开评审，我说了出来也让与赛者有个比较。

我们可以想象：在一个有月亮的晚上，张爱玲轻轻合上了老相册。她累了，她想休息了。也许，她没有想到自己要睡多久。也许很短，也许很长，也许是永远。一行清泪，从她的眼角流出，淌过她的面颊，慢慢地渗入暗红色的地毯中。那种地毯的红是深沉的，带点褐色的，是那种经过风雨洗礼的红……

生命的最后一年，张爱玲被奇异的"卡夫卡的蚤子"所苦，剃光了头发，还想搬到拉斯维加斯去，最后是她的遗嘱执行人林式同劝阻了她。在1995年中秋前一天，她被房东发现死亡，死因是心血管疾病突发且已死去了一周左右。

她应该是已经预见到了自己的死亡，各种文件都收拾好放在进门的地方，一进来就能看见。房间里没有什么家具，一个个的大纸箱子就是张的书桌。躺在靠着墙的唯一的行军床上，穿着一身旗袍，没有盖任何东西，张爱玲，就这样走了。

最后的最后，她的骨灰，与红白两色的玫瑰花瓣一起，被撒入了太平洋中，这是她遗嘱中要求的归宿。

在她逝世十多年后，《小团圆》横空出世。她自1970年写起，但最终还是未完结。《小团圆》在华语世界掀起了轩然大波。于笔者而言，读张爱玲，尤爱她智慧凝练的文字，华丽苍凉但如水般流畅。深切揭示人性的俗世故事，令人有阅读的快感。而《小团圆》从情节安排的碎片化到文字表述的尖锐与痛切，都给阅读带来极大的阻碍，使阅读伴随着一种强烈的撕裂般的痛感，令阅读难以为继。

《小团圆》以一贯嘲讽的细腻工笔，刻画出张爱玲最深知的人生素材，在她人生中来去的那些辛酸往事中的现实人物，在此处实现了历史的团圆。那余韵不尽的情感铺陈已至炉火纯青之境，读来时时有针扎入人心的滋味，故事中男男女女的矛盾、挣扎和颠倒迷乱，正映现了我们心底深处诸般复杂的情感。

在《小团圆》里，你看到一个没落贵族畸形的家庭关系：父母各自追求自己的生活不理会姐弟恋，母亲、姑姑与另一个男子奇怪的三角关系，家族堂表之间常态的乱伦，九莉与母亲之间毫无爱意的交往，"每每露出厌烦的表情，连牵她的手都不自在"。

九莉出生没落的贵族大家，虽说家道中落，煊赫早已不复当年，但也倒是家底尤丰，她依旧是衣食无忧的小姐。只是大家族里的恩怨纠纷注定是寻常百姓人家无法想象的，母亲与父亲日益激化的矛盾，各房亲戚千丝万缕的纠纷，传统与现代水火交融的共存，都为大厦将倾的盛家提供了覆灭的契机。蕊秋和楚娣无疑是书中着墨最多的人物，对盛家绝望了的蕊秋也就注定无法给予九莉姐弟最普通的相伴，被过继给大房的九莉张口闭口喊着"二婶"的时候，很难想象蕊秋是怎样的心情。虽说她并不期望与九莉以母女相称，甚至不愿披露二人的血缘关系，但在她的内心深处，很难说对九莉没有强烈的母爱。最后她欲言又止的一句"那些事都是他们逼我的……"何尝不是道出了她的无可奈何。她是新时代的女性，敢于挣脱传统的束缚，对不平等的对待喊"不"，但她与楚娣的负隅顽抗，在沿袭了数千年的封建传统面前，只是不自量力的挣扎。蕊秋渴望从这个圈子里彻底跳出去，为了了无牵挂，挣脱累赘，她必须要把九莉、九林留在圈子里。

最后，她带走了九莉。与其说是对九莉的愧疚，倒不如说是蕊秋对年轻时自己的一种弥补，她不愿九莉遭遇性别歧视，也是对当初冷遇自己的家人无声的抗议。蕊秋的理智，到了极为恐怖的地步，他推开无助投奔她的九林，满以为盛家不会亏待唯一的血脉。但她错估了盛家的无情，也断送了九林本可以发光的一生。张爱玲是可怜的，跌宕传奇的一生里，满是波折。但其实细想之下，张子静又何尝不比姐姐更可怜。他自小聪明伶俐，斯文清秀，却成了这个大家族倒前的牺牲品。张爱玲至少经历过，曲曲折折的人生里都是凡人难以想象的传奇故事。但张子静什么都没有，他平淡的一生里全是冷淡、漠视、失望、无视。

在旧上海沦陷区，一个写爱情小说的作家盛九莉与汪伪政府文官劭之雍之间，产生了相当不合时宜的爱情——他因她的文采找上门，为她离婚，她崇拜他，"他迎上来吻她，她直溜下去跪在他跟前抱着他的腿，脸贴在他的腿上"，"过了童年就没有这么平安过。时间变得悠长，无穷无尽，是个金色的沙漠，浩浩荡荡一无所有，只有嘹亮的音乐，过去未来重开洞门，永生大概只能是这样"。

然后，他四处避难，认识新的女人，一个又一个，与她们发生关系，甚至结婚，全不回避，都告诉她。九莉千里迢迢奋不顾身地赶到乡下去探望劭之雍，希望他能够在她与小康小姐之间做个抉择。当她灰头土脸、一身邋遢地出现在他面前的时候，他已有美人相伴，而当时九莉的想法并不是怪罪，而是她给他丢人了。劭之雍最终还是不愿抉择，九莉一人离去，大概没有人知道当时的九莉，一如当时的张爱玲，是怀着怎么绝望的心情踏上归途的。我们只能从九莉返回后那段灰色岁月中揣摩一二。夜不能寐，饭不能食，一想到劭之雍寄人篱下就不禁潸然泪下，靠着饮料过活，几个月下来，骨瘦如柴，苍老之极。后来九莉风轻云淡地对劭之雍笑道："那段时间真是死的心都有了……"那段日子她到底是怎么过的呢，到底需要经历多少的苦苦挣扎才能换来日后的故作洒脱。但胡兰成说得没错，张爱玲的确是个聪明的女人，聪明到知道及时放手，不再苦苦纠缠，聪明到一个人将痛苦混着眼泪一起咽下肚。

她难过："那痛苦就像火车一样轰隆轰隆一天到晚开着，日夜之间没有一点空隙。一醒来它就在枕边，是只手表，走了一夜。"他却说："你这样痛苦也是好的。"到最后，他逃亡前夕，在她家过夜，背对着她。她竟然想到："厨房里有一把斩肉的板刀，太沉重了。还有把切西瓜的长刀，比较伏手。对准那狭窄的金色脊背一刀……"

《对照记》出版以后，在照片的最末一张最后的一句话，张爱玲是这样写的："我希望还有点值得一看的东西写出来，能与读者保持联系。"这"值得一看的东西"应该就是《小团圆》。

以前时代的事情，渐化作一卷电影胶片，桥段；一张老照片，黑白；一段别人看的故事，不明。渐渐落了微尘，泛了昏黄。皆那么无言，却是仅有的痕迹，让这世界记得。张爱玲便是这样，她生前写了太多的经典，《小团圆》是她逝世之后才面世的作品。

《小团圆》是一部标准的自传，以第三人称叙述的张爱玲自己的半个人生，兴许是想以此来告慰自己的心灵。很多人说《小团圆》是张爱玲最为神秘的作品，因为她一度欲销毁，最后却在她逝世后才发表出来，可见这中间委实有很多纠结的情绪。

序中所说，张爱玲多次修改《小团圆》，却在好友的劝诫下不予发表这篇文章，因为文章中所提及的人物，大多是张爱玲的家人，人们不由得对号入座——确实是这样。而人物隐私的描写，包括同性恋，不论私情、婚外恋情、堕胎等，无不坦诚外露，人们大抵会当个八卦报来读，而很难单纯地把这本书看做一篇小说。

《小团圆》中，一以贯之的是主人公九莉强烈的"孤独感"，这也可以说是作家本身的真切感受。据中学时代老师回忆，张爱玲是经常坐教室最后一排和最末一个座位的，而且衣服不如时，很落落寡欢。张爱玲在日后接受采访时也说，"我是孤独惯了的，以前在大学里的时候，同学们常会说——我们听不懂你在说些什么"，她说"我常常觉得我像是一个岛"。"我很惊奇，台湾描写留美的学生，总觉得在美国生活苦，或许他们是受家庭保护惯了的，我很早就没了家族，孤单惯了，在哪都觉得一样，而且在国外，更有一种孤独的借口。"

在《小团圆》里，这些人包括九莉自己、母亲、姑姑、之雍等等，而是以九莉的回忆为主线，是她生活经历的再度呈现，其间回忆与现实之间时时发生尴尬的不和谐——文中人物给人的印象不是善与恶的截然两分，而是多层面的复杂人性。以楚娣这一形象为例，在参差的对照手法下，既写出许多细节，揭示她的自私小气，使九莉有强烈的寄人篱下之感，也写出她为了九莉挨打，不乏真情。与此同时，写了九莉对楚娣的冷漠，也写了她的感动落泪等。在张爱玲笔下，《小团圆》里的人物是立体的、丰盈的。

从小说来看，盛九莉是病态的，且已病入膏肓。对于这样一个病人，除了立即救治，我们还能做些什么呢？但棘手的是，对于一个彻底丧失了未来的病人，我们的救治又能有什么意义呢？盛九莉始终没能意识到，一个没有历史的人实际上也是一个没有未来的人。历史是由未来给予的，也因未来而产生意义，人即是历史及未来的构成。就这一意义说来，牵挂乃是人生的本质。牵挂是背负历史朝向未来的前行，它同时含有昨天和明天的全部时间向度，时刻拥有着生命的逝去。须知，牵挂得以存在，就是因为它相信逝去的永远是拥有和彼岸的信息。拥有和逝去并不矛盾，它们犹如生死互为依存。

然而，让人匪夷所思的是，声称"她喜欢人生"的盛九莉却义无反顾地一味拒绝牵挂。这样看来，盛九莉终于为"当下"这一时间幻觉所骗，错把人生的间隙当做了人生本身。她喜欢的人生，其实却是虚度人生；她根本不知道未来之于人生的决定性价值，更不晓得希望是人存在的理由。故而，她对未来从来就是缺少信心的："不知道为什么，十八岁异常渺茫，像隔着座大山，过不去，看不见。"连不远的未来都无从展望，又遑论那长远的未来呢？事实上，未来不只是盛九莉关心与否的问题，也是她有没有能力认识的问题。对于未来的无知说到底还是对于历史的无知。

盛九莉"从来不想要孩子"，这昭示的恰是她对未来的放弃，因为孩子就是她的未来。与此同时，孩子也与历史有关，孩子的出现即意味着她对历史的创造，意味着她也终于成为了历史的一部分。但是，不管是历史还是未来，盛九莉皆不感兴趣。她作为一个孤绝的个体，不仅是空间上的，亦是时间上的，所以她不愿将自我纳入历史和未来，即人生的连续性之中。还有，对于孩子的拒绝亦即是对于父母的拒绝，这在一定程度上又一次实现了她对自己父母的否认，亦不啻是对于他们的又一次报复。可是，盛九莉不知道，不论她怎样报复，也不可能让她收获到胜利的感觉；历史与未来的双重丧失，已然先行注定了其失败的一生。盛九莉存在的意义所能证明的不过就是一种意义的匮乏。

盛九莉是冷酷的，她的内心早已是万丈深渊下的寒冰。是的，理性的冷酷带给盛九莉的总是紧张的心情，这在很大程度上确实败坏了她的生活趣味。似乎唯有放松的时候，她才有可能还原为一个正常的人。回忆即将结束时，盛九莉总算放松了一下，她做了一个梦，梦见自己有了"好几个小孩"，然后劭之雍出现了……一幕充满天伦之乐的温馨情景，让盛九莉"醒来快乐了很久很久"。或许这个时候的盛九莉才是有几分可爱的吧，但在白天的现实里，这个样子的盛九莉却是根本不会存在的。

一直都觉得张爱玲的魅力在于，文字到她的笔下，才真正有了生命，直钻进你心里去。她的言辞无比精致，一贯嘲讽的细腻工笔。我是"张迷"，迷恋她的文字，迷恋阅读她文字时的感觉。她的文字仿佛附着魔力，有让人爱上她的故事、她这个人的欲望。她写文字像蜘蛛编的网，让人渐渐坠进去，陷下去上不来也甘愿。十里洋场，她穿着另类又时髦的古装短袄旗袍，上海滩，她是最浓郁的一炉沉香。胡兰成，只能说他毁了张爱玲这个人，却成就了"张爱玲"这个名字，这个作家。尽管张爱玲的一生过得悲凉而忧伤，可我想，她的内心是充实的。毕竟，她来过了，有太多东西能证明她来过这个世间，这已足够。她，空白地来到这个世上，空白地离开这个世上，却填补了世上的空白。

张爱玲说过，最好的写作材料是自己熟悉的材料，是带着真实情感地像描红一样一笔一笔地对自己的生命进行了临摹，描出粗浅的轮廓之后是一次又一次的着色，在临摹的过程里，逝去的生命点点滴滴返回到身边，青春得以再现，而伤痛亦不可避免。《小团圆》是张爱玲自编自导的戏，因为是演自己，那体验便愈加深切，而在找逝去的一幕幕时，那甜蜜那创痛无不带上悠悠年月造成的惘然，书里的人物，她亦如写与自己不相干的人，努力给予充分的谅解，但因九莉与她血脉相连，这番与笔下人物的灵魂相遇显得复杂而纠结。

"这是一个热情的故事，我想表达出爱情的万转千回，完全幻灭了之后也还有点什么东西在。"这是张爱玲的《小团圆》，是她一个人的故事。她隔着光阴的屏障，穿过曾经的繁华，于淡然与淡忘间将过往定格。故事里的九莉是她，而劭之雍便是胡兰成。从童年到求学时代，再到与胡的相遇，虽然只是繁琐小事的串联，但，都是她人生足迹的映射，都是她心灵深处的真实写照。无须字字珠玑，但足以勾勒出她的人生轮廓。《小团圆》似一扇窗，走近了它，你方能窥见真实的张爱玲，真正走近她的世界；方能理解，她的清高，她的不屑与不争，是有原因的；你也方能体会，她为何能够同时享受极度的喧嚣与死寂。

张爱玲用一根冰冷的针，绣出了她曾经炽热的青春。但岁月抚平了所有的棱角，当心里不再有等待和波澜，当张爱玲在美国过着似乎与世隔绝的生活，她已超然，她已放下，她已原谅。于菩提树下一方青石，静待，看沧海如何变成了桑田。将所有爱的昨天沉淀为历史，明天写个故事，名字叫做《小团圆》。

她还说过："人性是最有趣的书，一生一世也看不完。最可厌的是人，如果当你仔细研究，结果总发现他不过是个可怜的人。"张爱玲对人性种种内涵细腻的体味没有使她产生对人世的厌恶与批判，而是试图深入到所有产生残酷人性的根本原因处寻找她对人性谅解与宽容的理由。

在《小团圆》中，张爱玲展示了她一贯高超的文字功力，以女性特有的细腻手法和灵敏的洞察力，通过琐碎细小的事情，把人物之间互相猜疑，互相揭发隐私，以及勾心斗角刻画得淋漓尽致。但无论内心如何激荡，场面如何不堪，在她笔下永远是平和地轻轻带过，还不时带着微笑。在这本书中，她对家人，包括父母，最亲密的姑姑，以及其他亲戚的很多不为人知的隐私都无情一一揭露，更令人惊讶的是，她对自己的剖白，赤裸裸的程度几乎到了自虐的地步，令人心痛不已。

出生在一个已经没落了的钟鸣鼎食的官宦世家，自小便被迫面对父母无法收拾的如玻璃碎了一地的失败婚姻，在一个被颠覆的日月无光的亲情世界里，张爱玲看尽的是人心的冷漠、自私和残酷；在最美的年华，她又遭遇了带给她彻骨伤痛的男子，第一任丈夫胡兰成带给她的不仅是世人的冷视、质疑、鄙夷的目光，更是她不顾一切深情付出后无法宽恕的遗弃；阅尽繁华，遍尝世味，既有过沦陷区的盛名之累，也有过异邦异域的无名之悲，对于浮世的得失早已看得明白透彻的她，苍凉感油然而生，"长的是磨难，短的是人生"。在其文学创作的深层意蕴的传达上，张爱玲自始至终以基于其人生阅历的对"苍凉"的深切体认，在与西方主义思潮做着深层的唱和。"这时代，旧的东西在崩坏，新的在滋长中，但在时代的高潮来临之前，斩钉截铁的事物不过是例外。人们只是感觉日常的一切有点儿不对，不对到恐怖的程度。人是生活于一个时代里的，可是这时代却在影子似的沉没下去，人觉得自己是被抛弃了。"张爱玲从个人生命体验出发，进而深入至对人的生存的普遍意义的思考，又上升到对世界文明的充满危机感的认知，寻找人中的传奇，透析凡俗市民世界的智慧，洞察浮华背后的苍凉。

而在现实社会生活的每一个人都无不希望自己有一个健康和谐、稳定安守的家，无不祈祷着自己有一段美好幸福的姻缘和一个相守到老的爱人。失去这样的家、姻缘和爱人，人的生命的深度飘零、情感的无法寄托、身心的无处安放、灵魂的无所归依，都将是难以避免的。怎样才能够最终抵达生命的幸福港湾和婚姻生存的青青绿地？这是一个很值得当代人深入思考和理智解析的问题。

很多人说张爱玲给中国现代文学史上注入了一种独特的因素。那么，这种独特的因素是什么？我认为是张爱玲以自己独特的写作为中国现代文学异化的人性系统做了某种意义上的修补。生于乱世是人生最大的悲哀，而张爱玲从事写作的时候，人类正在经历历史上最大的悲剧性战争——第二次世界大战。身在战时香港的张爱玲真切感受到了战争的恐怖与残酷。这种体验反映在她的创作中，是她对日常生活中人性的温暖表现出超乎寻常的热情。她所谓的"在传奇里面寻找普通人，在普通人里面寻找传奇"，其实就是要在那个烽火连天、尸骨遍野的极端时代里寻找最普遍、最感性的人性。这正是中国现代文学曾经确立却又失去的人性系统的一部分。

而战争的原因也让张爱玲的文章具有现代性。现代性主要是在国外现代派和中国传统文学的影响下形成的，是两种价值观相互交融的结果，是她在特殊时代背景之下开辟出的一条专属于她自己的现代化风格。上海是一个现代气息浓厚的城市，现代性的特征已经融入人们的日常生活，所以以上海人自居的张爱玲形成了有别于五四精英精神的上海的市民现代性。她从传统的世俗出发，承认生活的合理性，甚至用现代的包容去看中国的传统，她的文学的独特性就在于她在世俗化和现代宽容性中所体现的反现代性。

后　记

　　张爱玲是 20 世纪中国文学史上一位充满传奇色彩的作家，她的小说大多写的是上海没落家族中的淑女的传奇故事，她把自己的小说集也命名为《传奇》，而她的生命也是一部苍凉、哀婉、精彩动人的女性传奇。

　　晚年的张爱玲在家中死亡七日才被房东发现，我不愿意想象她肉体腐败的模样。在延续了大半个世纪的生命中，她曾跨越重洋，从年少时众星捧月的繁盛一步步走向清冷寂寞的终点。在最后的最后，她的死如同一个偶然被风吹熄的灯笼，无因无果，只遗下一缕稍纵即逝的青烟。

　　张爱玲生于没落的官宦之家，如同庸俗小说中的情节，她童年时母亲便抛下家庭，流浪欧洲，父亲亦冷落了她，缺乏亲人疼爱的她便养成了敏感孤僻的性格。内向而情绪敏感的人，又偏偏缺乏关怀与理解，她长大之后用如针如炬的目光审视与探讨世间万物，对人对己都毫无同情与怜悯。然而她的聪慧与才华却是无可否认的。她曾回忆从小自知将成为作家，因为编故事的才能在四五岁便开始展现。少时与弟弟比赛讲故事，她每每轻松得胜，总是让弟弟懊恼不堪。

　　在极为年轻时，她便写下脍炙人口的作品，依靠天赋得来的成功不费吹灰之力。然而性格中的敏感孤傲，却没有任何改变。她并非未尝试过向他人敞开心扉。年少时所爱过的才子，风度翩翩，容颜俊美，却最终被证明是个花花公子。她在他面前将自己的脆弱与美好暴露无遗，他却手握着她的弱点，与别的女人交往同居，并期望她能隐忍地接受。与他断然决裂后，她对他耿耿于怀，却依然在他最为艰难困顿之时对他的物质加以资助。不知是否冥冥中有因果，他的后半生命运多舛，背负汉奸的罪名逃亡东洋，政坛仕途一直坎坷，晚年时沦落至出卖自己的隐私，侃侃写就一本书，专谈曾经交往过的女人，掺杂自得之意。她，不过是书中短短的一章，未尝有特别之处。或许于他而言，她不过是他出游时偶遇的风景，他觉得美，便为之停留，随手拍下纪念照，然后欣然前往下一个地点，把那山那水抛诸脑后。晚年时翻阅照片，她也不过是相册中某个值得炫耀的谈资，连是否曾经为之付出过感情，也心中迷茫。

中年即在各地辗转漂泊，在美国，她引以为自豪的写作才能却遭遇毁灭性打击。可见，艺术和人生的"传奇"，并不能到处复制。而也是在这里，她遇见了她的第二任爱人赖雅，携手度过短短的十几年岁月。即使生活时常面临窘境，却也甜蜜温馨，我想，张爱玲那时候必然是快乐的。相守的日子总是不能长久，赖雅的过世，让她真正的成为了孤家寡人，彼时内心想必愈愈寂寞孤独。

晚年的她在加州疯狂搬家，平均一星期便更改一次住处，只为躲避一种"看不见的蚤子"，其实不过是日趋严重的强迫症作祟。她的冷漠与无谓也变本加厉，没有朋友，拒绝一切约谈，把自己反锁于公寓中，靠廉价的快餐与电视度日。在1995年中秋前一天，她被房东太太发现死亡，死因是心血管疾病突发且已死去一周左右。

在她临终前的一段岁月里，有人曾见她在走廊中自言自语。过去问她，她解释说是在与早已离世的母亲交谈。在两任爱人离她而去之后，年老的她手中唯一能够确切握住的温暖，竟是来自那个曾让她无比仇恨的母亲，一个在病危时被她拒绝相见的女人。我无从得知，她内心中最后的一丝信任，是源于她对自己无情的悔过，还是仅仅因为她对血缘的无望依赖。

她死在一张简陋的行军床上，浴室地面布满随手扔下的纸巾。她至死都在拒绝一切永恒和安定的事物，似乎她的生命亦不过是一场在世间的草草寄存。

张爱玲的遗物通通被寄回台湾。一沓早年誊写好的书稿，她叮嘱友人火烧净尽。那是她写下的少年时的过往，以及生命中早已冷却的爱恨。她的友人最终违背了她的意愿，在她死后二十年终于把遗作发表，即《小团圆》。

她晚年这段让人心酸的经历与年轻时的无限辉煌相互映照，如同月球的阴面与晴面。人生也许就是如此，阴晴不定。

张爱玲离去的那一天，正临近旧历中国的中秋节。海上生明月，天涯共此时。

那天，太平洋上的月亮一定特别圆，特别亮。它默默地照着一个"天才"女作家矛盾的一生——热闹与寂寞，浮华与苍凉……这个一生与月亮共进退的人在同世界告别。

一代才女的离去，结束了饱经波折的一生。张爱玲是幸运的，她实现了自己的愿望，年少即成名，在那个乱世，她可以实现自己的价值，她的精神世界是丰富的；张爱玲也是不幸的，感情生活不尽如意，一生大部分时间颠沛流离，在最后的岁月里，她几乎是孤独终老。

本书以张爱玲的人生轨迹线编录其一生的代表著作，并插入其他学者对张爱玲及其作品的研究评述，并于参考文献中标出，在此对他们表示感谢。

莎士比亚曾经说过，"一千个人眼中有一千个哈姆雷特"，我想，在千千万万个读者眼中，每个人对于张爱玲的理解都是不同的。在编写此书时，我查阅大量资料，力图可以为读者呈现一个更全面的张爱玲，然笔者能力有限，本书主要取其小说作品及散文进行整合编写。

在编此书的过程中，使我更深入地去探访了张爱玲的精神世界，更加了解了她传奇的一生，内心的情绪亦为她跌宕起伏的人生而变换：为她年少的天才梦而感到惊喜，为她的一番芳心被辜负而惋惜，为她在文坛上大放异彩而感到欢喜，为她寻到灵魂知己而庆幸，也为她的生活陷入窘迫而感到怜惜……

她的离去，给我们留下了对她及她的作品的无限遐想和研究。在近现代文学历史上，她也留下了浓墨重彩的一笔。

张爱玲寂寞地走了，正如余秋雨先生在《张爱玲之死》中所说："她死得很寂寞，就像她活得很寂寞。但文学并不拒绝寂寞，是她告诉历史，二十世纪的中国文学还存在着不带多少火焦气的一角。正是在这一角中，一个远年的上海风韵永存。"

张爱玲经典语录

1. 男人对女人的怜悯，是近于爱的；一个女人绝不会爱上一个她认为楚楚可怜的男子。女人对男人的爱，是带有崇拜性的。

2. 也许爱不是怀念，不是热烈，而是岁月，年深月久成了生活中的一部分。

3. 也许每一个男子全都有过这样的两个女人，至少两个。娶了红玫瑰，久而久之，红的变了墙上的一抹蚊子血，白的还是"床前明月光"；娶了白玫瑰，白的便是衣服上沾的一粒饭粘子，红的却是心口上一颗朱砂痣。

4. 我用一生的时间去寻找一个懂我的人，若寻得到，我幸！若寻不到，我命！

5. 然而我们身边的大多数人都是愚昧的，他们爱别人只是为了证明别人能够爱自己。

6. 生命是一袭华美的袍，爬满了蚤子。

7. 得不到异性的爱，就得不到同性的尊重，女人就是这点贱。

8. 失望，有时候也是一种幸福，因为有所期待所以才会失望。因为有爱，才会期待，所以纵使失望，也是一种幸福，虽然这种幸福有点痛。

9. 如果你不爱我，我就不会思念你，我就不会妒忌你身边的异性，我也不会失去自信心和斗志，我更不会痛苦。如果我能够不爱你，那该多好。

10. 你问我爱你值不值得。其实你应该知道，爱就是不问值不值得。

11. 如果情感和岁月也能轻轻撕碎，扔到海中，那么，我愿意从此就在海底沉默。

你的言语，我爱听，却不懂得；我的沉默，你愿见，却不明白。

12．要做的事情总找得出时间和机会，不要做的事情总找得出藉口。

13．如果你不调戏女人，她说你不是一个男人；如果你调戏她，她说你不是一个上等人。

14．一个人在恋爱时最能表现出天性中崇高的品质。这就是为什么爱情小说永远受人欢迎——不论古今中外都一样。

15．男人憧憬着一个女人的身体的时候，就关心到她的灵魂，自己骗自己说是爱上了她的灵魂。惟有占领了她的身体之后，他才能够忘记她的灵魂。

16．太大的衣服另有一种特殊的诱惑性，走起路来，一波未平，一波又起，有人的地方是人在颤抖，无人的地方是衣服在颤抖，虚虚实实，极其神秘。

17．"生死契阔，与子成说，执子之手，与子偕老"是一首最悲哀的诗……生与死与离别，都是大事，不由我们支配的。比起外界的力量，我们人是多么小，多么小！可是我们偏要说：'我永远和你在一起，我们一生一世都别离开。'——好像我们自己做得了主似的。

全书完

2016 年 6 月 9 日

参考文献

[1] 朱仪. 张爱玲文学的悲剧情结 [J]. 重庆工商大学学报（社会科学版），2006.06：117-119.

[2] 何清，杨爱林. 童年缺失性体验与张爱玲的创作 [J]. 宾学院学报，2010.08：65-67.

[3] 翟瑞青. 童年经验与张爱玲的文学创作 [J]. 烟台大学学报（哲学社会科学版）2009.07:60-65.

[4] 余斌. 张爱玲传 [M]. 南京大学出版社，2007.06.

[5] 梅寒. 张爱玲传：最好不相忘 [M]. 湖南人民出版社，2013.12.

[6] 任茹文. 沉香屑里的旧事：张爱玲传 [M]. 团结出版社，2008.03.

[7] 刘川鄂. 张爱玲传 [M]. 北京十月文艺出版社，2000.01.

[8] 卢海霞. 浅析张爱玲的《霸王别姬》[J]. 科技信息，2007 年第 11 期：248.

[9] 侯昕燕. 张爱玲《天才梦》赏析 [J]. 安徽文学，2011 年第五期：11-12.

[10] 代柯洋. 现代式的人生透视——读张爱玲的《沉香屑·第一炉香》[J]. 昭通师范高等专科学校学报，2012.06:36-39.

[11] 胡金莎. "丑"形式下的人性与人情探究——读张爱玲《沉香屑·第一炉香》.[J]. 文学评论，2013:109-110.

[12] 王百玲.《沉香屑·第二炉香》的现代解读 [J]. 河西学院学报，2006:52-54.

[13] 张漫. 穿旗袍的硝烟——细读张爱玲《心经》[J]. 文学评论，2009:47.

[14] 蒋浩. 沉淀于无声处的灵魂喧嚣——浅析张爱玲《心经》[J].2012.11:81-82.

[15] 侯入元. 在心狱里的镜像——论张爱玲《茉莉香片》[J]. 文艺评论，2010：150-151.

[16] 石青皋. 城市与文明陷落背后的爱情——解读张爱玲《倾城之恋》[J]. 赤峰学院学报（汉文哲学社会科学版），2013.11:157-158.

[17] 房昱辛. 信仰的失落对现实的妥协——读张爱玲《倾城之恋》[J]. 青年科学，2013.05:182.

[18] 曹鸿英.《琉璃瓦》的讽刺艺术 [J]. 开封教育学院学报，2007.12.20:8-9.

[19] 高霞，李阳. 从张爱玲《金锁记》中的服饰说开去 [J]. 华章.2014.10：90,96.

[20] 袁良骏. 傅雷·张爱玲·《连环套》[J]. 南通大学学报·社会科学版，2009.05:52-56.

[21] 王艳丽：解读《连环套》中霓喜的人物内核 [J]. 辽宁教育行政学院学报，2010.06:80-81.

[22] 石杰. 在哲理与艺术的融合中呈示人生——论张爱玲小说《年青的时候》[J]，2009.07:97-100.

[23] 刘彬. "全然不是那回事"——论张爱玲小说《花凋》中的讽刺艺术 [J]. 井冈山学院学报（哲学社会科学），2007.09:60-63.

[24] 胡亭亭，杨庆茹.《封锁》：对生存困境的言说 [J]. 学术交流，2009.02:169-171.

[25] 马福梅. 一个比喻的灵魂——析张爱玲《红玫瑰与白玫瑰》[J]. 安徽文学，2008.06:214.

[26] 李会丽. 寻找现代人的都市认同——评张爱玲《红玫瑰与白玫瑰》[J]. 作家作品新论，2013：48.

[27] 张苗. 光与影的纠结——解析张爱玲散文集《流言》的艺术特色 [J]. 内江广播电视大学，2009：164-167.

[28] 陈鹭虹. 浅论小说《留情》中的世俗化与虚无主义叙事 [J]. 文学评论·现当代文学，2014:10-11.

[29] 杨林. 爱的光——《创世纪》中三代女性的人生小品 [J]. 作家作品，2012：75-76.

[30] 杜存迁. 尘埃里的爱情悲歌——张爱玲小说《多少恨》赏析 [J]. 文艺评论，2009：45-46.

[31] 钱亚玲. 最后的幻灭——论张爱玲《十八春》的爱情悲剧 [J]. 常州工学院学报，2002:69-71.

[32] 覃文珍 . 难以救赎的人生——《十八春》女性命运的透视 [J]. 社会科学研究，2001:145-148.

[33] 王晓雁 . 特定时代女性的失落与憧憬——张爱玲小说《小艾》中的女性形象 [J]. 辽东学院学报（社会科学版），2011:95-98.

[34] 易相鸥 . 意识形态先行之下的误读——浅谈海内外学术界关于张爱玲《秧歌》的两种声音 [J]. 现当代文学研究，2013:106-108.

[35] 杨甜.反讽式的消解：解读张爱玲《五四遗事——罗文涛三美团圆》[J].神州文学，2013：13.

[36] 李立超 . "三重门"："色，戒"含义初探——论张爱玲《色，戒》[J]. 文艺评论，2011：110-111.

[37] 毛灿月 . 从《红楼梦魇》看《红楼梦》对张爱玲的影响 [J]. 西北农林科技大学学报（社会科学版），2008:134-137.

[38] 李欧梵 . 看张爱玲的《对照记》[J]. 江苏大学学报（社会科学版），2006:1-5.

[39] 路文斌 . 残酷冷漠背后的历史感匮乏——评张爱玲《小团圆》[J]. 文华文学，2009:25-31.